公開霊言

ギリシャ・エジプトの古代神

オフェアリス神の教えとは何か

大川隆法
RYUHO OKAWA

本霊言は、2018年1月17日、幸福の科学 特別説法堂にて、
公開収録された（写真）。

まえがき

まことに興味深い霊言あるいは神示《しんじ》である。本書を読めば、「神」の誕生の秘密がよく分かる。

現代では、ほぼ忘れられているギリシアの「オフェアリス」という名の神は、古代エジプトの「オシリス」神と同一の方であることが、はっきりと示された。

またオフェアリス（オシリス）の復活信仰《ふっかつしんこう》が、イエス・キリストの復活信仰の伏《ふく》線《せん》、補助線となっていることもはっきりした。

現代では一神教として、他を排撃《はいげき》し合っている民族宗教の底の浅さが明確に指摘《してき》されたともいえるだろう。

大体、宗教が民族を分け、国を分け、言語を分けてきたと思われる。だが私たちは、今、もう一段大きな世界神《せかいしん》、至高神《しこうしん》の復活が望まれている時代に生きていることに気づくべきだろう。

二〇一八年　二月九日

幸福《こうふく》の科学《かがく》グループ創始者兼総裁《そうししゃけんそうさい》　大川隆法《おおかわりゅうほう》

公開霊言　ギリシャ・エジプトの古代神

オフェアリス神の教えとは何か　目次

公開霊言《れいげん》　ギリシャ・エジプトの古代神
オフェアリス神の教えとは何か

二〇一八年一月十七日　霊示《れいじ》
幸福の科学 特別説法堂《せっぽうどう》にて

「霊言現象《れいげんげんしょう》」とは、あの世の霊存在の言葉を語り下ろす現象のことをいう。これは高度な悟《さと》りを開いた者に特有のものであり、「霊媒現象《れいばいげんしょう》」（トランス状態になって意識を失い、霊が一方的にしゃべる現象）とは異なる。外国人霊の霊言の場合には、霊言現象を行う者の言語中枢《ちゅうすう》から、必要な言葉を選び出し、日本語で語ることも可能である。

なお、「霊言」は、あくまでも霊人《れいじん》の意見であり、幸福の科学グループとしての見解と矛盾《むじゅん》する内容を含《ふく》む場合がある点、付記しておきたい。

公開霊言《れいげん》　ギリシャ・エジプトの古代神
オフェアリス神の教えとは何か

二〇一八年一月十七日　霊示《れいじ》
幸福の科学　特別説法堂《せっぽうどう》にて

オフェアリス

古代エジプトにおいては「復活神話」で有名な「オシリス」と呼ばれる存在であり、幸福の科学では、至高神エル・カンターレの分身《ぶんしん》の一人（九次元存在）とされる。六千五百年ほど前のギリシャに生まれ、後《のち》にエジプトへ遠征《えんせい》。エジプトに繁栄《はんえい》をもたらした王として民《たみ》から絶大な支持を得た。『愛から祈《いの》りへ』（幸福の科学出版刊）、『君よ、涙《なみだ》の谷を渡《わた》れ。』（宗教法人幸福の科学刊）等参照。

［質問者三名は、それぞれA・B・Cと表記］

1　古代のギリシャ・エジプトの神、オフェアリス神

歴史的文献《ぶんけん》には見当たらない謎《なぞ》の存在・オフェアリス神

大川隆法　先般《せんぱん》、エル・カンターレの魂《たましい》の分身《ぶんしん》の一人であるリエント・アール・クラウドについて調べてみましたが、今日（二〇一八年一月十七日）は、「オフェアリス神の教えとは何か」と題し、同じくエル・カンターレの魂の分身であるオフェアリスについても調べてみようと思っています。

オフェアリスも、歴史上の人物としては出てこないので、もはや、どうにもならないと言うべきかもしれません。

幸福の科学の『太陽の法』『愛は風の如《ごと》く』（共に幸福の科学出版刊）などを読ん

『公開霊言　古代インカの王
リエント・アール・クラウド
の本心』（幸福の科学出版刊）

だ人であれば、「そんな人がいたのかなあ」という気もするわけですが、それ以外の文献《ぶんけん》で出てくることもないので、実在性でさえ疑われるのではないでしょうか。

ヘルメスの前半生を中心に綴《つづ》った『愛は風の如く』では、「オフェアリスは、ヘルメスの時代よりも二千年ほど前、つまり、今から六千五百年ほど前に出た人で、ヘルメスの時代には天上界《てんじょうかい》から指導をした」というように書かれています。ヘルメスの守護霊《しゅごれい》・守護神の役割をしているとともに過去世《かこぜ》でもあるということなので、「まあ、そうなのだろう」とは思っています。

ただ、ギリシャ神話のなかでオフェアリスという名前を調べても、おそらく出てこないはずです。

似た名前として「オルフェウス」という人

ケリューケイオンの杖を持つヘルメス像
(幸福の科学・大阪正心館屋上)。

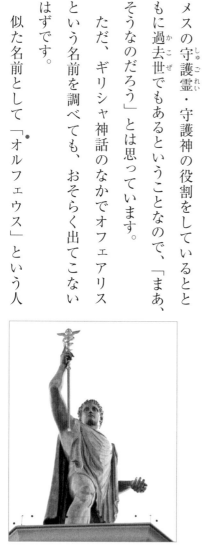

もいることはいるのですが、どう見ても、ソクラテスの時代よりも少し前ぐらいの感じでしょうか。ソクラテスよりは前だと思いますが、せいぜい、二千六、七百年前あたりの人ではないかという気がします。

ちなみに、このオルフェウスは、竪琴《たてごと》を奏《かな》でると言われ、音楽に関係があるようですが、最近公開された映画「DESTINY《デスティニー》 鎌倉《かまくら》ものがたり」（二〇一七年公開／東宝）のなかでも、堺雅人《さかいまさと》さん演じる主人公が、「死んで霊界《れいかい》に還《かえ》った妻を連れ帰してくる神話が、オルフェウス神話である」というようなことを語るシーンがありました。日本で言えば、伊邪那岐《いざなぎ》が伊邪那美《いざなみ》を連れて帰ろうと黄泉《よみ》の国へ渡《わた》る神話が遺《のこ》っていますが、それとも若干違《じゃっかんちが》うようには感じられました。

それはともかく、幸福の科学では、最初のうちは、オフェアリスについて、それくらいの情報だけで書いていたわけです。

●オルフェウス　ギリシャ神話に登場する詩人、音楽家。

エジプトの「オシリス神」は「オフェアリス神」と同一人物か

大川隆法　それから、エジプトの神話にオシリス神という存在もいるのですが、幸福の科学の初期のころには、オフェアリスとは別の人だと思っていたこともありました。そして、中国の孔子《こうし》の過去世として明らかになっていたものがあまりにも少ないため、当時はこのオシリス神あたりが孔子の過去世ではないかと思って書いたものもあるわけですが、古代のエジプトがギリシャの植民地にされていたことが何度もあったことをよく知らなかったのです。その後、いろいろと聞いてみたかぎりでは、「どうも、オフェアリスとオシリスは『同じ人』なのではないか」と思われます。

実際にクレタ島へ行ったことがあるとよく分かるのですが、地中海に浮《う》かぶクレタ島は、アテネがあるギリシャ本土に船で行こうが、ロードス島からトルコのほうへ行こうが、南に下《くだ》ってアフリカのエジプトへ行こうが、どこへでも行けるあたりの場所にあるのです。したがって、水軍なり海軍なりを持っていれば、どこであっても可能性としてはあったでしょうし、それほどの区別はなかったのかもしれません。

そういう意味で、歴史上に遺っているものとしては、「オシリスが近いのではないか」という感じはします。

二度の復活を遂《と》げたと伝えられる「オシリス神話」

大川隆法　ただ、オシリス信仰《しんこう》のなかには若干嫌《いや》なものがあったので、私としてもあまり言いたがらなかった面はあります。これは「復活信仰」とも関係しているのです。

オシリスはたびたび遠征《えんせい》をしていたため、遠征している間に罠《わな》を仕込《しこ》まれ、王位を弟（セト）に乗っ取られてしまいました。そして、遠征から帰ってきたときの宴《えん》会《かい》の座興《ざきょう》として、棺桶《かんおけ》が用意されたのですが、それが自分の身長にちょうど合う大きさの棺桶だったのです。「これにピッタリの人が誰《だれ》であるか、当ててみようか」ということになり、オシリスがそのなかに入ったところ、閉《し》めた蓋《ふた》に釘《くぎ》を打たれてしまいます。

要するに、「〝IQ百〟を切っているのではないか」とも思えるような行動を取っているわけで、古代の話としては理解できなくもないものの、若干、恥《は》ずかしい話ではあります。弟に〝引っ掛《か》けられた〟にせよ、弟のほうがまだ頭がいいような気もしないではありません。

結局、オシリスは棺桶に入れられたまま、ナイル川に流されてしまいましたが、妻のイシスが頑張《がんば》って取り返してきて、オシリスの息を吹《ふ》き返させたのです。

ところが、復活後に再び弟に罠をかけられ、殺されてしまいます。伝説では、「もう二度と復活しないように」と、〝バラバラ殺人事件〟さながらに、手や足、その他、体のいろいろな部分を、国中の至るところにばら撒《ま》かれたことになっています。

しかし、イシスたちがまた、それらを全部探し当てて集め、縫合《ほうごう》してつなぎ合わせたのです。これは「ミイラのもと」のようなものでしょうか。あるいは、フランケンシュタインにも似ているかもしれません。

とにかく、縫合して復活させたということになってはいますし、古代の話ではあるのですが、あまり気持ちのいい話ではないでしょう。

現代でもそうした殺人事件はよくありますが、イエスならまだよいとしても、私は、こういうものはそれほど好きではないので、あまり言いたがらなかったところはあります。

「イエスの復活」にも影響《えいきょう》を与《あた》えたオシリスの復活信仰《しんこう》

大川隆法　ただ、オシリスの復活信仰《しんこう》、要するに、「包帯だらけのミイラのようになったけれども復活したという話は、後《のち》のイエスの復活信仰によく似ている」ということは、神話学者や聖書《せいしょ》学者等からも、つとに指摘《してき》されているとおりであり、何らかの影響《えいきょう》があったのではないかと言われています。

それから、『新約聖書《しんやくせいしょ》』でのイエスの復活に関して言えば、その千年ぐらい前に、『旧約聖書《きゅうやくせいしょ》』の預言者が、「人の子が生まれるが、十字架《じゅうじか》に架けられ、天に上げられる」というような話をしているものもありますが、実は、さらにその前のオシリス信仰のなかにも、「復活」と「再臨《さいりん》」に関する話があるわけです。

実際に、「オシリスが『復活したイエス』に相当し、イシス神が『聖母マリア』に相当するのではないか。エジプトの信仰が流れてきているのではないか」という説を唱《とな》えている学者もいるようですけれども、影響があった可能性はあるでしょう。イエス自身も、青年期にエジプトへ留学に行き、神官《しんかん》から学んでいるので、（オシリスの復活について）知っていたのではないかと思われます。

映画「X《エックス》－MEN《メン》」は「オシリス神の復活」を下敷《したじ》きにしている？

大川隆法　一昨年《おととし》の秋にニューヨークへ講演に行ったとき、ジェット機のなかで観《み》た映画「X《エックス》-MEN《メン》 アポカリプス」（二〇一六年公開／20世紀フォックス）が、ちょうど、年代的には数千年前のエジプトの古代遺跡《いせき》を発掘《はっくつ》するという話でした。

そのなかに、なんと、幸福の科学でよく出てくる〝エローヒム〟のミイラが出てきます。王様の棺《ひつぎ》のようなもののなかに入っているのが発掘され、現代に復活するのです。

そして、そのエローヒムは、やたらと強い存在として描《えが》かれています。それ自体は納得《なっとく》できますが、なぜかX-MENと対決するのです。十人ぐらいのX-MENが総がかりでエローヒムに立ち向かい、最後に何とか〝仕留《しと》められる〟ということになっていたので、結末が少々よくない感じがしました。

また、エローヒムはあまりよい〝神様〟ではなく、邪悪性《じゃあく》を持ったような感じにも描かれていましたが、「X-MENのほうだって危ないだろうが」という感じもしなくもありません。

映画のなかでどちらが悪いかは何とも言えないところがあり、とにかく超能力者《ちょうのうりょくしゃ》同士の対決ではあるのですが、十対一で戦えるぐらい強い〝神様〟であったという描き方を見ると、「オシリス神の復活」のような感じにも見えたのです。そういうものを下敷《したじ》きにしてつくっているのかなという気もしました。

そういう妙《みょう》なところでエローヒムという名前が出てきたので、私もびっくりはしたのですが、もしかしたら、エローヒムとオシリス系統とをつなぐような思想がどこかに眠《ねむ》っているのかもしれません。

「オフェアリス神の教え」を中心に霊査《れいさ》を試みる

大川隆法　以上、ざっとした言い方ではありますが、今日は霊査《れいさ》のほうが中心なので、過去に出ているものと矛盾《むじゅん》したとしてもよいことにして、とにかく自由に語っていただくほうがよいのではないかと思います。やはり、資料として調べるべきだと考えています。

私の魂の兄弟のなかで、〝魔法使《まほうつか》い的な側面〟を持っているように見えるのは、オフェアリスとヘルメスでしょう。明らかにそういう面を持っているので、何となく「魔法使いの起源」風に見えなくもありません。そのあたりについても知りたいと思います。

オフェアリス神の教えなどは、『愛から祈《いの》りへ』（幸福の科学出版刊）等のなかに少し載《の》っているということではあるのですが、あまり気にせずに行きます。『愛から祈りへ』はヘルメス霊指導で語っている内容だと推定されるので、これは、ヘルメスの意見であって、オフェアリスの意見ではありません。オフェアリスはどのように考えているのかについては、よく分からないところがあります。

そのようなわけで、〝存在はしている〟のだろうと思いますが、オフェアリスという名前が幸福の科学以外の文献には見当たらないので、もう一度、確認してみたいと思うのです。リエント・アール・クラウドについても、文献自体はありませんでした。

したがって、「エル・カンターレとは何か」を最終的に固めていくためにも、魂の兄弟についての調査はもう少し要《い》るでしょうし、幸福の科学の信者からもそういうニーズは上がっているので、進めていこうと考えています。

今日は、この程度のざくっとした内容を前置きにして、質問に答える感じで、自由に引き出していきたいと思います。

そんなところでよろしいですか。

質問者A　お願いします。

大川隆法　それでは、エル・カンターレの魂の兄弟の一人と呼ばれていますオフェアリス神をお呼びし、その教えを中心に霊査を行いたいと思います。

オフェアリス神よ、どうぞ、幸福の科学にご降臨《こうりん》したまいて、われらにお導きを下《くだ》さいますことをお願い申し上げます。

（約五秒間の沈黙《ちんもく》）

オシリス

エジプトに繁栄をもたらした王として民から絶大な支持を得た。弟のセトに騙されて肉体をバラバラにされてしまったが、祈りによって復活したというオシリス神話がのこる。

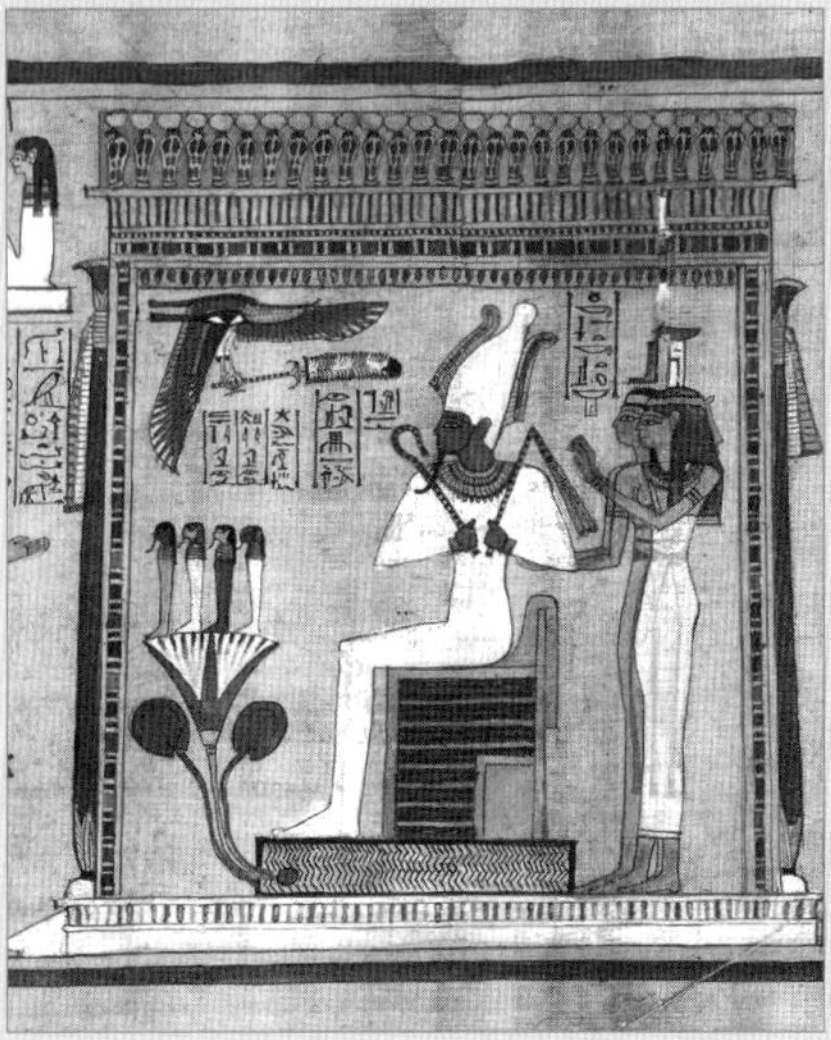

(上) オシリス復活の地とされるアビュドスの遺跡・オシレイオン。

(左)『死者の書』に描かれたオシリス。

オフェアリス神

「奇跡」と「神秘」の神であるとともに、「繁栄」と「芸術」の神としても崇められ、ギリシャ文明の源流となった。地球神エル・カンターレの分身の一人。

(左) 映画「ヘルメス ― 愛は風の如く」(1997年公開/製作総指揮・大川隆法) に描かれたオフェアリス神。
(右) 映画「神秘の法」(2012年公開/製作総指揮・大川隆法) に描かれた青年の姿のオフェアリス神。

2　七千年前のギリシャ、エジプト文明の様子

幸福の科学の映画での描写《びょうしゃ》に〝苦言〟を呈《てい》するオフェアリス神

オフェアリス　はい。

質問者A　オフェアリス神でございますか。

オフェアリス　はい。

質問者A　本日は、貴重な機会を賜《たまわ》りましたことを、心より感謝申し上げます。

ただいま、大川隆法総裁から、さまざまなお話がありましたけれども、現代では、

オフェアリス神に関する文献《ぶんけん》がほとんど遺《のこ》っていないということで、この場が非常に貴重になると考えております。

まず、率直《そっちょく》な質問として、先ほどのお話にもありましたように、われわれが知っているエジプト神話のオシリス神との関係について、お訊《き》きしたいのですけれども。

オフェアリス　うーん、まあ、だいたいオーバーラップしていると見て、いいと思いますね。

質問者Ａ　そうですか。

オフェアリス　ええ。

質問者Ａ　そうすると、エジプト神話のなかで描《えが》かれているオシリス神のお姿と、ほぼ同じような人生を送られたと。

オフェアリス　うーん、君たちの映画●では、私は〝禿《は》げのじいさま〟ということになってるんで、あれ、困ってるんだけど。

質問者Ａ　はい（笑）。申し訳ございません。

オフェアリス　もう、あれで（イメージが）固まってしまっているが、もうちょっと信仰《しんこう》を集めるような姿があればいいのになあ。

質問者Ａ　では、最初は、そのお姿からお伺《うかが》いしたいと思いますが……。

オフェアリス　あれだと、もう、〝葬《ほうむ》りたくなる〟じゃないですか。

●君たちの映画……　アニメ映画「ヘルメス――愛は風の如く」(1997年公開／製作総指揮・大川隆法)、「太陽の法」(2000年公開／製作総指揮・大川隆法)のこと。これらの映画では、オフェアリス神が老人の姿で描かれている。

質問者Ａ　いえいえ、そんなことはないですけれども。

オフェアリス　だいたいあそこまで行ったら、もう〝終わり〟でしょ。

質問者Ａ　いえ、それは、ちょっと（笑）。

オフェアリス　もう、だいたい人生の終わりが近い感じが……。若い時代だってあったんだからね。

質問者Ａ　話を戻《もど》しますが、そうしますと、お生まれはギリシャということでよろしいのでしょうか。

オフェアリス　ああ、いいですね。ギリシャですね。

質問者Ａ　「ギリシャに生まれられて、エジプトのほうに行かれた」というような流れなのでしょうか。

オフェアリス　うーん。今のような「国」の意識があんまりなかったんでね。地中海文明としては、あちこちに発展していたところはあったんで。まあ、強い王様が出てくると、ちょっと勢力拡大するみたいな感じだったかな。だから、今みたいな、はっきりとした「国」っていう意識はなかったという気はするんだけどね。

質問者Ａ　なるほど。

火山爆発《ばくはつ》によって一度は滅《ほろ》びた「クレタ文明」

質問者A　オフェアリス神がお生まれになったころの、その地域の時代背景というか、社会情勢というものを、簡単にお教えいただければありがたいのですけれども。

オフェアリス　うーん、ちょっと、地中海の一部が陥没《かんぼつ》しているので……。

質問者A　陥没したんですね？

オフェアリス　その後、ちょっと、形は変わっているのかなあ。うーん、一部、陥没していると思いますね。

だから、クレタ島なんかも、今は小さな島になっているけれど、もう少しあったような感じはするし。

質問者A　ああ……。

オフェアリス　あのへん、けっこう火山が多いのでね、まあ、それもあるし。

その前にアトランティスがね。私よりもちょっと前になるアトランティスの陥没のときのあれが、すごかったですからねえ。あのときの余波がかなりすごかったんで、今のジブラルタル海峡《かいきょう》のあたりっていうか、ヨーロッパの入り口っていうかなあ、あのあたりはそうとう大きな被害《ひがい》を受けている。

うーん、そうだね。内海《うちうみ》のほうの文明は何と

エーゲ海

か遺ったんだけど、アトランティスのときの洪水《こうずい》はちょっとすごくて、沿海部分もけっこうやられたんだよね。だから、再建するのに、ちょっと時間がかかっている。外海《そとうみ》のほうに面した都市はだいぶやられてしまったんで、繁栄《はんえい》した部分が少し内陸部に入ってきたね。そんな感じかな。

そういう意味で、ギリシャ内陸部やエジプト内陸部のほうへ、いちおう……。まあ、海は大事なんだけどね。交易とか資源のためには大事なんだけども、やっぱり、万一《まんいつ》のときのための用心で、内陸部に発展する傾向《けいこう》が出てきていたかな。

もちろん、クレタのあたりは便利だったんで、内陸のいろいろなところとの交易の中心地として存在していましたけどね。

そのあと、火山が一つあったのが爆発《ばくはつ》して、沈《しず》んでいるので。それは、おそらく私の代よりもっとあとで、ヘルメスの代よりも、ちょっとあとかなあ。あとなんじゃないかと思うんだけどね。一回、「クレタ文明」といわれるものが滅《ほろ》びたような時期があって、その火山爆発等で滅びた時代があるのでね。

われわれは、「アトランティスの崩壊《ほうかい》」による影響《えいきょう》で移民してきた者とか文明を、一部、受けていると同時に、その後、われわれの時代に発展した「クレタ文明」が、やっぱり、火山爆発で一度、壊滅《かいめつ》的な打撃《だげき》を受けているので。

だから、アフリカの内陸部に遺っている文明とか、ギリシャの内陸部のほうに遺っている文明は維持《いじ》されて、あとは、トルコから内側の中東のほうの文明はかっちり遺ってはいる。島のほうは、ときどきやられて、文明が風化したっていうか、〝原始化〟した時代はあったかなと思いますね。

だから、今、見るよりは、もうちょっと発展

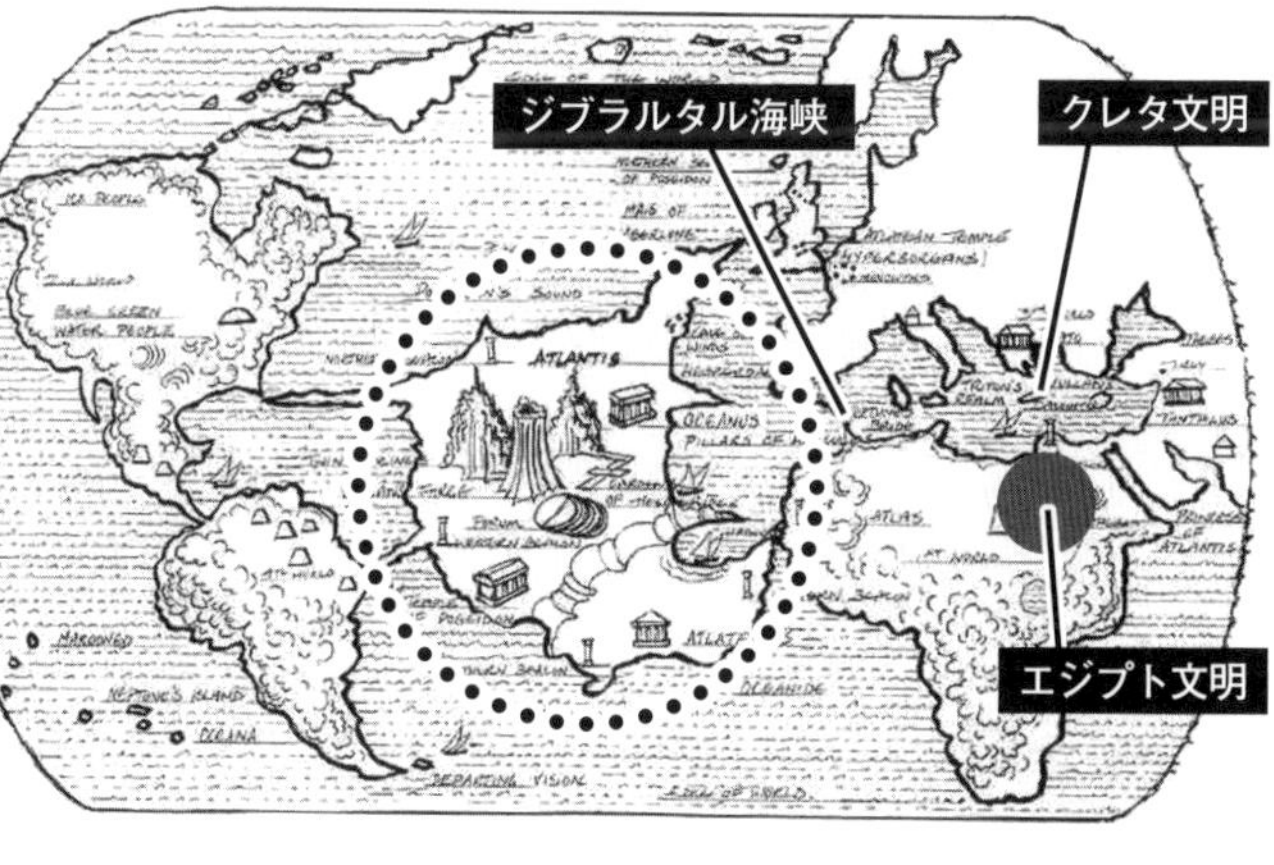

かつて大西洋上に存在していたとされるアトランティス大陸の想像図（囲み部分）。

した時代もあった。まあ、そんなときかな。

でも、海の交通はけっこう便がよくて。

いやあ、今のエジプトのあたりも、確かに「要衝《ようしょう》の地」ではあって、奥《おく》のほうには肥沃《ひよく》な大地もけっこうあったし、ナイル川の恵《めぐ》みっていうのがけっこう大きくて、川の幸《さち》もあったし。それから、その沿岸に豊富な田畑《でんぱた》ができて、穀物がよく穫《と》れたから、それも魅力《みりょく》ではあったわな。

それで、やっぱり、エジプトのほうまで何度も繰《く》り返し出てた。だから、「エジプト王朝」といっても、ギリシャとは混ざっている状況《じょうきょう》かな。独自性が強くなったときと、ギリシャの植民地的な面が強かったときとが交互《こうご》にあって、そんなにはっきり分かれてはいないんじゃないかなあ。

オフェアリス神が支配していた地域とは

質問者A　オフェアリス神は、（地上にいたときは）王様ということでよろしいのでしょうか。

オフェアリス　うーん、王様……。そうだなあ。当時は、王様と、ちょっと天皇に似てるけど、「現人神《あらひとがみ》」にやや近い状態だったんで。

質問者A　ああ……。

オフェアリス　うーん、やっぱり、キングにして、超能力者《ちょうのうりょくしゃ》っていうか霊能者《れいのうしゃ》であって、天上界《てんじょうかい》とも交流できるっていうところはありましたなあ。

質問者A　オフェアリス神は、祭政一致《さいせいいっち》のようなかたちで統治されていたと思うのですけれども、支配していた地域というのは、どのあたりまで広がるのでしょうか。

オフェアリス　うーん……、だから、地中海のなかは押《お》さえていた。それから、今のギリシャから、イタリア、フランス南部あたりは押さえていたし、あとは、今のトルコから、一部シリア方面。近所では、エジプトと、エジプトの左側のほうの地中海湾岸《わんがん》の国のあたりかな。それから、エジプトの奥のエチオピアのあたりまで入っていたかと思いますね。

質問者A　なるほど。

オフェアリス　だから、版図《はんと》はけっこう広かったですね。

質問者A　そうですか。以前、オーディン様にお訊きしたときには、「オフェアリス神は、北欧《ほくおう》、ギリシャ、エジプトと、三カ所ぐらいで王様を兼《か》ねていたんじゃないか」とおっしゃっていたのですが。

オフェアリス神が治めていた版図の想像図

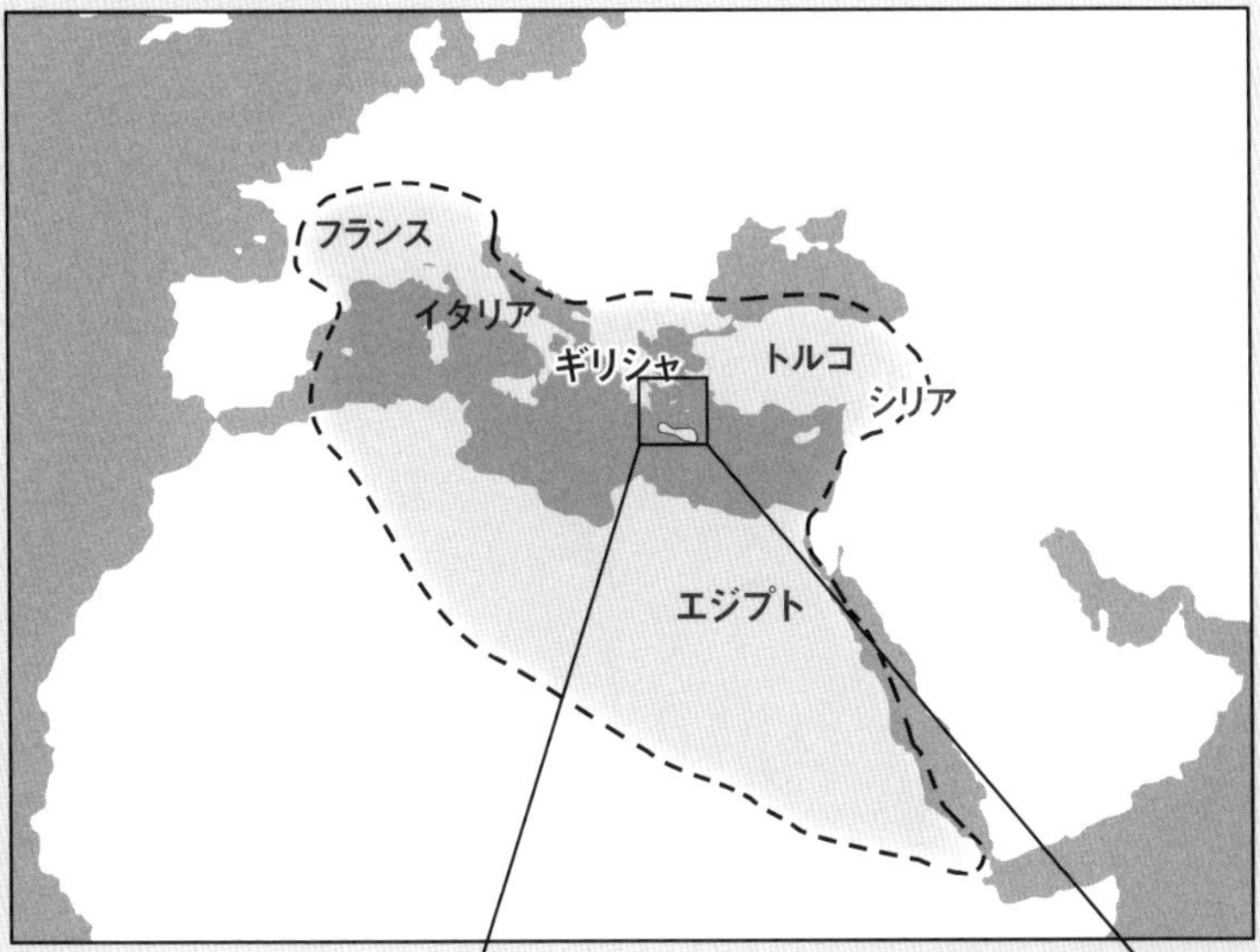

およそ6500年前、オフェアリス神は、エーゲ海に浮かぶギリシャのディロス島を中心に、広い版図を治めて活躍。

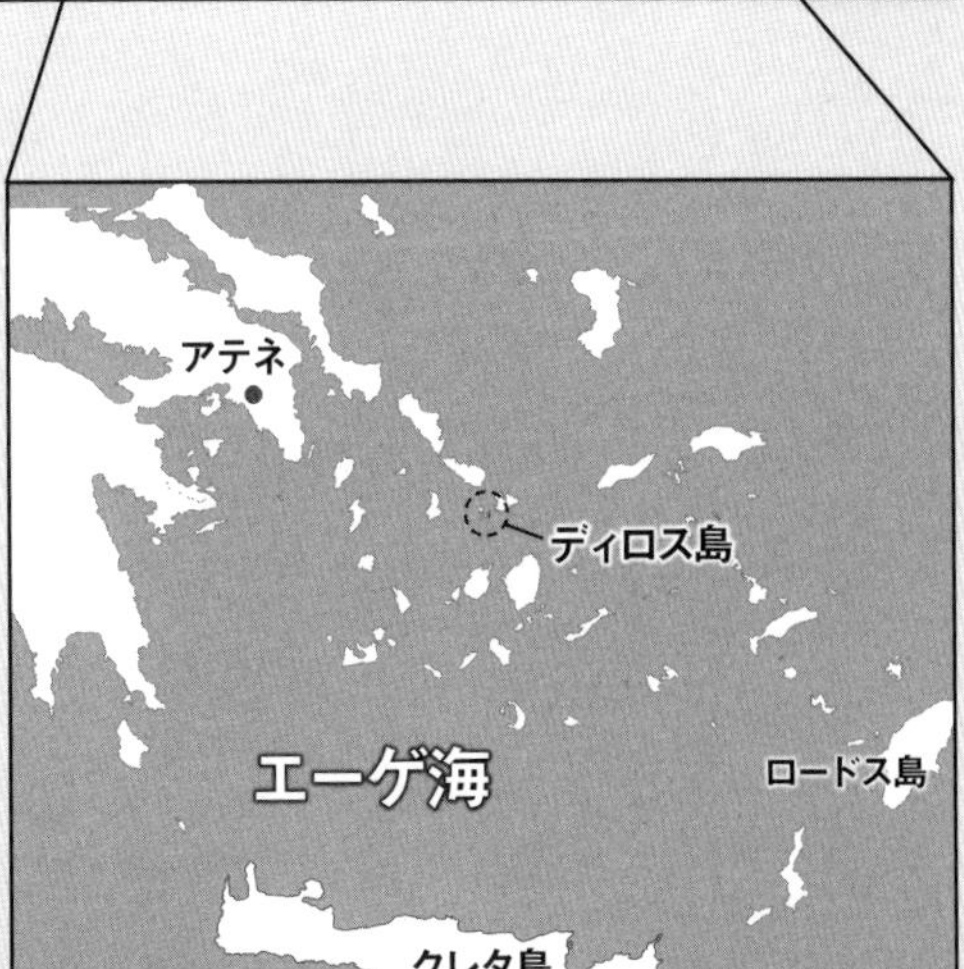

オフェアリス　「北欧」までと言ったか。北欧……、遠いなあ。北欧はちょっと遠い……。

質問者Ａ　北欧はないのですか。

オフェアリス　ちょっと遠いが、まあ、「行った」と言われたら、行ったことにしたほうがいいのかなあ。

質問者Ａ　（笑）

オフェアリス　国は大きけりゃ大きいほどいいが、寒いところは、そんなに得意ではないんだが。

質問者A　そうですか。

オフェアリス　「行った」と言うんだったら、じゃあ、受け入れてもいいな。

質問者A　（笑）

オフェアリス　まあ、そういうことにしておこうか。というか、その文明を受け入れたのね。

質問者A　なるほど。

オフェアリス　だから、北欧の、うーん、何だ、アスガルドとかアズガルドとかいう文明が、今、言われているけれども。今は「アスガルド」っていうのかもしらんけど、当時は「アズガルド」って呼んでいたことが多かったんだけど。

質問者A　アズガルド。はい。

オフェアリス　その北欧の〝氷の文明〟みたいなものがあったことはあったんだけど、やっぱり、太陽を求めて南に下りてきてはいたね。

寒冷化がねえ、ちょっと進んできて、やや生活には不適。まあ、穀物の穫《と》れ高《だか》とかが悪いですからね。だから、南に下りてきて、その文明は、ギリシャ文明のほうで〝吸収〟していっているんで、ずばり、影響は出てきていると思うんだよ。

質問者A　なるほど。

オフェアリス　たぶん、受け継《つ》いでいると思う。だから、マイティ・ソーがハンマーを振《ふ》り回していたと言うのなら、ギリシャ文明でも、もう鉄器を持っていたと考えていいと思いますね。

ギリシャとエジプトが世界の中心だった時代

質問者Ａ　当時の社会で、主に問題になっていたこと、課題というのは、どのようなものがあったのでしょうか。

エル・カンターレ様の魂《たましい》のご兄弟が生まれるということは、時代の大きな節目《ふしめ》だったと思われるので、その当時の課題について、お教えいただけますでしょうか。

オフェアリス　うーん。そうだねえ……。だから、「エジプトの王朝」として遺った歴史が、一つはあると思うんだよな。

これは、長さにおいては、かなりの長さを誇《ほこ》っているので。現代文明で、正確に名前とかが出ながら遺っているものとしては、エジプト王朝ぐらい長いものは、ほかにないのではないかな。

最近、日本の神様も、「こっちも長いぞ」とおっしゃってはおるが、「日本の王朝一万年分を言ってみろ」と言ったら、そう簡単には言えないとは思う。でも、エジプトは、信じているかどうかは別として、七千年やそのくらいまでは、たぶん、出てくるとは思うんだよね。

それより前の代は、例の「アトランティスからの移り」があるが、ここのところは大混乱があったんで、あまりはっきりしたことが遺っていないものは、きっと、あるとは思うんだけどねえ。

やっぱり、数千年の歴史があるわね。

で、ギリシャも実は（文明が）あったんだけども、うーん……。ヘルメスはあったんだが、あれは、当時、「ミノア文明」って言ったかな。あれがね、今から三千数百年前ぐらいに、一回、大きな打撃を受けとるんだよな。

だから、ヘルメスの王国が三代目で、ゼウスのほうに〝吸い込《こ》まれて〟いっているんだけども、そのゼウスの王国も二代目ぐらいまでで終わって、そのころに、すごい火山爆発みたいなものが起きてね。ギリシャ文明の危機は、一回、起きておるんだよ。

だから、あとは、中心はほぼエジプトになっているんじゃないかなあ。

まあ、「何を教えたかったか」っていうと、うーん……。

でも、ギリシャもその後、ソクラテスの時代とか、二千五百年ぐらい前から、哲学《てつがく》とかがいろいろ流行《はや》ってきているし、ローマに影響しているんで、このあたり、人類史的に見れば、ものすごく大きな価値のあ

ミノア文明最大の遺跡である「クノッソス宮殿遺跡」。

る思想文化は流行っているわなあ。

あと、エジプトのほうからは、「文字」や、「数学」や、「天文」や、「建築学」と、「宗教の秘儀《ひぎ》」等の文化もあって、交流しながら、ちょっと違《ちが》ったかたちで発展はしていたので、このへんが「世界の中心」であったことは事実だわな。

そういう意味で、何だろうか、ちょっと、〝脱《だつ》アトランティス〟。

質問者A　ああ、脱アトランティス。

オフェアリス　脱アトランティスにて、このヨーロッパ、アフリカを挟《はさ》んだ、新しい文明の基礎《きそ》をつくろうとしていたことは事実ですね。

今のエジプト史では、たぶん、私はもう、神話の人物になっている。オシリスとして出ても、「死んで、冥界《めいかい》の王になった」と書いてあるから、ちょっと、伝説、神話に入ってるわね。私のあとぐらいからが、初代のエジプトの国王みたいな言い方をされたりもしておりますけれども。

まあ、そうした「神人《しんじん》」だよね。「『神《かみ》の人《ひと》』として、新たな文明の始祖になった」と言うべきではないかな。

その考え方は、「ギリシャ・ローマ系統とエジプト系統と、両方に分かれながら進んでいって、今から二千年ほど前に、プトレマイオス朝の最後でエジプトのクレオパトラが、シーザーに敗北を認めることによって、エジプト王朝が終わって、以後、ローマの時代に入っていく」っていうところだな。

だから、「ギリシャ」が発展したときと「エジプト」が発展したときは、両方同時だな。

私だけじゃなくて、ヘルメスの時代も、エジプトに対しては、けっこう遠征《えんせい》を繰り返してはいたので、両方統治していたような感じはありますね。ええ。

質問者A　ありがとうございます。

3　「復活」と「全智全能《ぜんちぜんのう》」への信仰《しんこう》の源流

オフェアリス神の時代にあった「復活信仰」

質問者B　本日、お話をお聞きできるということで、本当に光栄でございます。

今、当時のお話を聞きましたら、「大帝国《だいていこく》」だったと感じます。さまざまに国が違《ちが》い、文化も違っていたと思いますが、そのときに、オフェアリス様は民《たみ》に対して、どのようなメッセージを出されていたのでしょうか。

大きな国の「文化の違い」によって、いさかいが起きてくると思います。戦争での勝ち負けもあり、さまざまな栄枯盛衰《えいこせいすい》、ドラマがあると思いますけれども、そのときに発信されたメッセージの中心的な柱は、どういったものだったのでしょうか。

オフェアリス　うーん、まあ、「あの世とこの世を貫《つらぬ》く真実、および、あの世とこの世を貫く命《いのち》」という考え方かなあ。これを強く押《お》し出したので。だから、霊界《れいかい》思想が非常に影響《えいきょう》した地上文明にはなっていますね。

これはねえ、やっぱり、いつの時代もそうだけど、この世がちょっと発展してくると、あの世のことを忘れるんですよね。そういう気《け》があるので。

その意味で、オシリス神話のなかには、弟の陰謀《いんぼう》による兄の殺害みたいな、あまりよろしくないものが出てはいるけど、「復活」も出ているよね。

これは、ある意味では、医療《いりょう》の発達なんかも意味している神話であるんですが。医療も発達していたけども、同時に、信仰《しんこう》の形態として、この「復活信仰」があったということで、「王はまた帰ってくる」っていう信仰があったわけです。

これが、今の「キリストの再臨《さいりん》」だとかね、そういう考え方にもつながっているし、仏教的に言えば、「仏陀《ぶっだ》が何回も再誕《さいたん》してくる」っていう考え方にもつながってきているので。

だから、ギリシャの思想も転生輪廻《てんしょうりんね》の思想だけども、エジプトの思想も転生輪廻の思想で、まずは、「神の代理人でもあった王様が復活して帰ってくる。また帰ってきて、もう一回、輝《かがや》きのある文明をつくる」っていう思想ですよ。これが中心なので。

「王様が、もう一回、復活して再臨されるときに、それを受け止められるあなたがたであれ」っていうのかな。そういうふうな「文明の開化を維持《いじ》しなきゃいけない」ということが、生きている人間の使命で、王様が次にもう一回出てこられるときに、「ひどい国になったなあ」とか、「落ちぶれたな」とか言われないように、繁栄《はんえい》をもって王をお導きすると。（王様に）「またこの世に戻《もど》ってきたいなあ」という気持ちを持たせると。

そのための縁《よすが》として、棺《ひつぎ》をつくって、ミイラをつくって、ちゃんとお祀《まつ》りをして、後《のち》にはピラミッドにも収められますけれども。そして、王様が帰ってきてもいいように、「いつでもお蘇《よみがえ》りください」というような感じの信仰が強くなったということとですね。

だから、「天上界《てんじょうかい》に還《かえ》られた王様は、天に還っても、地上の民を導き続けているんだ」という信仰を、みんな持っていたわけです。

「王が神になる」という信仰は、もっと昔にもあったとは思うけれども、われわれのときに、非常にはっきりした信仰として出てきたものではあるわね。

今文明《こんぶんめい》のなかではっきりと「全智全能信仰《ぜんちぜんのうしんこう》」を打ち立てた

質問者B　「あの世とこの世を貫く真実、あの世とこの世を貫く命という考えが中心的であった」というようにお教えいただきました。

ということは、オフェアリス王は、王としてこの世を統治していながら、あの世の状況《じょうきょう》というものを察知されていたというか、知っていたということでしょうか。

この世の民を平定しながら、同時に、霊界とを行き来するといったことは、ございましたでしょうか。

オフェアリス　うーん、それはヘルメスのほうが、もうちょっと似つかわしいかもしれませんね。「生きたまま、あの世とこの世を行ったり来たりする、霊界との交流をやっていた」っていうのは、ヘルメス神のほうがもっと明確に出ていますけれども。

私のときには、まあ、言いにくいが、いちおう暗殺と言えば暗殺されたことにはなるんだけれども、「暗殺して肉体を滅《ほろ》ぼしたら、王様が終わりになるわけじゃないんだ」という、ここがポイントでしてね。

暗殺されたけども、肉体を滅ぼされることによって、まあ、「肉体の軛《くびき》」だよね、これはいちおう制限であるので。要するに、本来、神である自分が肉体に宿ることによって、その力がすごく制限されているわけですよ。この世の人たちに（教えを）伝えるために肉体に宿っているんだけども、肉体から解き放たれることによって、本来の全智全能《ぜんちぜんのう》の姿に戻るということだよね。

だから、「肉体から解き放たれたオフェアリス神、あるいはオシリス神のほうが、はるかに、十倍、百倍、恐《おそ》ろしい、恐るべき力を持っている」っていう信仰《しんこう》が立ってくるわけだ。

日本で言うと、祟《たた》り神みたいに見える可能性がないわけでもないが（笑）、やっぱり、本来の「全智全能」っていうのは、あの世でないとありえないことであるのでね。

王様でも、この世では有限の存在として、限られた命で、限られた仕事しかできないけれども、「本来の力はそんなものではないんだ。全智全能なんだ」という、こうした「全智全能信仰」を、少なくとも、この一万年あたりの今《こん》文明のなかで、はっきりと打ち立てたのが私ではないかと思います。

4　オフェアリス神が語る古代の「叡智《えいち》」

質問者B　「全智全能信仰《ぜんちぜんのうしんこう》」を打ち立てられたオフェアリス神は、当時、王としての統治能力以外に、この世とあの世を行き来したり、予知能力や遠隔透視《えんかくとうし》など、何か霊的《れいてき》な能力をお持ちだったのですか。

オフェアリス　エジプトの神官《しんかん》っていうのは、霊感というか、そういう、霊言《れいげん》ができるようなタイプの人がほとんどであるので、神となったあとは、だいたい、「ご託宣《たくせん》を伝える」という仕事をやっていたと思われる。まあ、能力に多少、差はありますけどね。こうした意味で、存在しているということは分かる。

だから、歴代の王は、国政をやるに際して、大きな問題だったら、お伺《うかが》いを立てるということをやってはいたわけだね。ちゃんと伺いを立てる人はいたわけで。王様も伺いを立てて、例えば、「戦争するかどうか」というようなことですなあ。「ヒッタイトと戦うかどうか」とかね、そういう伺いを立てることもあったし、「正邪《せいじゃ》」の伺い、「正しいか、間違《まちが》っているか」の伺いみたいなものも多かったですよね。あるいは、「後継者《こうけいしゃ》」の伺いなんかもあったし。

質問者A　エジプト神話のなかには、太陽神ラーという方がいらっしゃいます。

オフェアリス　ラーね。ラーは有名だね。

質問者A　はい。また、エジプト神話のなかには、トートの神もいらっしゃいます。

オフェアリス　そうなんだよ。

質問者A　このあたりの関係についてお教えください。

オフェアリス　「ラー」は諸説あって、まあ、主に二説なんだけど、アトランティス系から来たものとしては、「トスの教え」だね。トス、トートと、それから、アトランティスから来ているものには、「アモン・ラーの教え」というのもあって、主流はこちらのほうの説で。トスのほうが上というか、〝親〟だね。で、〝子供〟のほうがアモン・ラーだね。こちらのほうは、直接にエジプトに逃《に》げてきたっていう説が一つあるんだ。

古代エジプト文明で崇められていた太陽神ラー（左）とトート神（右）の壁画。

もう一つのラーは、（ムー文明の）ラ・ムーのほうの「ラー」で、君たちはいつも間違っているけども、このラーは、「王」とか「王座」とかいう意味なんですよ。

君らは、ラ・ムーだったら、「L・A・M・U」なんだろ？

違うんだよ。ラ・ムーはラーメンなんだよ。ラーメンのラーなんだ。ラーメン。ラーメンの起源なんだよ。アッハハ（笑）。

質問者A　（笑）

オフェアリス　「R・A・M・U」なんだよ、ほんとは。

質問者A　なるほど。

オフェアリス　日本人はLとRの区別がつかないからね。もうこれは、ほぼ不可能であろうと思うが。この「ラー」っていうのは、「王様」という意味なんですよね。

質問者B　ラーは王様なんですね。

オフェアリス　うん。だから、（表記は）「L・A」であってはいけないんですよ。「R・A」なんですよ。これがラーなんです。

エジプトでは一緒《いっしょ》なんで、この場合には。だから、ラ・ムーとアモン・ラーも一緒になってるけど、トスとラ・ムーとが、実はクロスしているところがあるので。歴代の王が「ラー」といわれているのは、王様の意味があるからで。

質問者A　なるほど。

オフェアリス　これは、アトランティスよりも、もっと前の文明になるとは思うけど、意外に全部つながってるんだよ。ずーっとつながっているんで。

質問者Ａ　では、「その当時、あらゆる教えがエジプトに集約されてきていた」ということですか。

オフェアリス　うん。その当時の最先端《さいせんたん》のところに、だんだん移動していくんだね。いろいろなものが集まってなあ。

そういうものも、ひもといて教えることができたから、「全智全能」と言われるわけなんだよ。

質問者Ａ　なるほど！

質問者Ｂ　オフェアリス神には、ムー大陸のムー文明、アトランティス大陸のアトランティス文明、こういうものが流れ込《こ》んできて、すべて統合して一つにしていくことができる能力があったと理解してよろしいですか。

オフェアリス　うん。古代の智慧《ちえ》みたいなもの……。

質問者B　古代秘儀《ひぎ》、古代秘術。

オフェアリス　うん。これを語ることができるっていうのはすごいことでしょう?　今だって、大川隆法として、古代の文明とか、いろいろなことをしゃべっているじゃないですか。こんなものは、何か文献《ぶんけん》があるわけじゃありませんのでね。

これを語れるっていうのが「叡智《えいち》」なんですよ。これを叡智という。

古代を語り、未来を語る。「未来は、こうならなきゃいけない」というように、未来を設計し、予言する。未来の設計図を引く者。これが「神」なんですよ。

で、同通した者は、神である王なんだよな。

質問者A　ご生前のオフェアリス様が「神」と呼ばれていた方は、どういう方になるんでしょうか。

オフェアリス　うーん……。私らのころには、アモン・ラー信仰もあったし、トート信仰もすでにあったね、エジプトあたりではね。アモン・ラー信仰やトート信仰はあったと思うし、当時、それはギリシャも共通していたんではないかな。

ただ、私らも同じような霊能者であるからして、過去世《かこぜ》の、インドで言えば「過《か》去仏《こぶつ》」に当たる〝あれ〟だろうけど、仏陀《ぶっだ》の「過去七仏《かこしちぶつ》」じゃないけどね、過去の仏陀であるところの、まあ、神でもある過去の自分の仕事みたいなものを思い出すことはあったね。

だから、「ピラミッド文明」なんかは、けっこう共通して起こしてるよね。ムー文明でもアトランティス文明でもあったし、エジプトでもまねごとをして、まあ、ちょっと材質が悪くて、あんな〝むごいもの〟になっているが、もうちょっと立派なもんだったんだがなあ。今は、ああいう、岩を切り出しただけの〝あれ〟になってるけどねえ。もうちょっといいもので、君らのHSU（ハッピー・サイエンス・ユニバーシティ）のピラミッドぐらいには見える程度のものは持っとったんだがなあ。

●HSU（ハッピー・サイエンス・ユニバーシティ）　2015年4月に開学した「日本発の本格私学」（創立者・大川隆法）。4学部からなり、千葉・長生《ちょうせい》キャンパスには、ピラミッド型礼拝堂が建立《こんりゅう》されている。

5　オフェアリス神の「魔法《まほう》」の威力《いりょく》

「この世的な武力」と「霊的《れいてき》な呪力《じゅりょく》」が併存《へいぞん》できる時代だった

質問者C　少し話が変わるのですが、先ほど、大川総裁が、オフェアリス神についで、「魔法使《まほうつか》い的な一面もあった」とおっしゃっていました。例えば、オフェアリス神は天上界《てんじょうかい》からヘルメス神をご指導されたときに、ケリューケイオンの杖《つえ》などを授《さず》けられたと思うのですが、魔法使い的な要素というか、そういう側面をお持ちだったのでしょうか。

オフェアリス　うーん、まあ、あるねえ。それは、あるわ。

いやあ、君らの時代に通用するかどうかは知らんけども、「この世的な武力」と、そうした「霊的《れいてき》な呪力《じゅりょく》」みたいなものが併存《へいぞん》できる時代でもあったし、国と国との力比べっていうのは、結局は、「王様の霊力《れいりょく》戦」のようなところもあったことはあったしね。「王様の霊力戦」でもあるし、「王様を指導している神様の力の差」でもあるわけで、みんなそれぞれ、何かついていて、それの〝力比べ〟みたいなところはあったわな。

だから、どこまで奇跡《きせき》のような力を起こせるかといったことが、大きな証拠《しょうこ》にはなるね。

（質問者Cに）君ねえ、君も教えたような記憶《きおく》があるなあ。そんな気がするんだけど、君も魔法使いか何かやっていたんじゃないかね。何か教えた記憶はあるような気がするなあ。

（質問者Cを指して）いただろう？

質問者C　いえ、分からないですが（笑）。

オフェアリス　何か、いたような気がするんだよなあ。

質問者C　ああ……。

質問者A　「教えた」ということは、魔法を学ぶ人たちが集まっていたのですか。

オフェアリス　うん、そう、そう、そう。そういう霊術《れいじゅつ》や秘術《ひじゅつ》を教えてはいたので。素質がなきゃあ、やりませんが。

質問者A　〝魔法使い軍団〟を養われていたのですね?

オフェアリス　まあ、今、亜流《ありゅう》としては、ブードゥー教とか、あのへんの近所のね、アフリカのルワンダか何だか知らんが、その国境のあたりではしているようだけど。あのへんは、かなり劣化《れっか》していった魔法が残っていて、だいたい、相手を呪《のろ》い殺したりするような力とか、そういうのがちょっと強いものは残ってはいるんだけども。

「モーセの奇跡《きせき》」はオフェアリス神の二番煎《せん》じ？

オフェアリス　戦争のときには、必ず魔法は使っていたので。

質問者Ａ　どのように使われるのですか。

オフェアリス　例えば、今だったら、ドローンを飛ばして、敵地を視察してきたりするじゃないですか。

質問者Ａ　はい。

オフェアリス　魔法を使えば、鳩《はと》なら鳩、隼《はやぶさ》なら隼等に魔法を使って、放《はな》って、敵地の上を隼なら隼が飛ぶと、こちらのほうは隼の目に見えている姿が鏡に映すように見えて。

質問者B　敵情視察ですね。

オフェアリス　敵情視察ができちゃうので。
逆に、「向こうが送ってきた鳥だな」と思ったら、撃《う》ち落とすってやつ。「念力《ねんりき》で撃ち落とさなくては。あれは情報を持って帰る」っていうふうな感じでやることもありますね。まあ、例えばの話ね。

質問者A　なるほど。

オフェアリス　そういうこともあったし、あるいは、ずっと後世になるが……。私らのころから言えば、三千年ちょっとあとの後世になるけど、モーセがいろいろな大災害というか、奇跡《きせき》をたくさん起こすじゃないですか。

質問者A　はい。

オフェアリス　あんなのも、けっこう二番煎《せん》じ、三番煎じで。いやあ、あんなの、どれもみんなやりましたよ。どれもやったようなことばかりでして。

質問者A　そうですか。では、本当に……。

オフェアリス　イナゴが大発生するとか、カエルが大発生するとか、川が血の色に変わるだとか、雹《ひょう》が降ってくるとか。こんなの、やってやって、もういっぱい使いましたよ。魔法ですよ、これは。

質問者A　なるほど。いわゆる「物質化現象」もやった、と。

オフェアリス　そう、そう。やった、やった。やりましたよ。まあ、雹が降るぐらい、かわいいもんです。岩石を降らすぐらいまでやったので。

質問者A　岩石も降らせたんですか（笑）。

質問者B　それは、部分的にではなくて、規模の大きさとしては、かなり広い範囲《はんい》でやるんですか。それとも、局所的に狙《ねら》って、ガツンと？

オフェアリス　向こうの中心部分というか、影響《えいきょう》が大きいところですよね。岩石もあれば……、まあ、岩石だけじゃ〝面白《おもしろ》くない〟でしょう。やっぱり、燃えなきゃいけないから。〝燃える岩石〟っていうのは隕石《いんせき》ですよね。

質問者B　燃える岩石（笑）。それは大砲《たいほう》か、ミサイルみたいではありませんか。

質問者A　それも物質化させるのですか。

オフェアリス　燃える隕石を落とすぐらいやったら、相手が引っ繰《く》り返るから。「神の祟《たた》りだ」と思って、隕石なんかが燃えながら落ちてきたら、引っ繰り返って逃《に》げるから、降参しますよ。

質問者A　なるほど。

オフェアリス　そんなものもやっています。

弟セトは敵側から操《あやつ》られていた？

質問者Ａ　ただ、相手の国も、同じような魔法を仕掛《しか》けてくるわけですよね？

オフェアリス　そうなのよ。そういうのが一部、いる場合もある。

質問者Ａ　相手が呪殺《じゅさつ》をかけてくるようなこともあったと思われますが。

オフェアリス　だからねえ、弟のセトなんかがね、私が遠征《えんせい》している間に罠《わな》をかけていたけど、向こうのほうから、敵側からねえ、かなりやられていたと思われるので。

質問者Ａ　霊的に操《あやつ》られていた、と。

オフェアリス　「霊的に操られている」のと、「現実的にやられている」のと、両方あったと思われるので。

質問者Ａ　買収されていたとか。

オフェアリス　唆《そそのか》し。要するに、まあ、三国志みたいになっちゃうかもしらんけど、「離間《りかん》の策」を使われて、「おまえを王様にしてやる。そのための協力を惜《お》しまない」といった感じで、内通者が出たり、貢《みつ》ぎ物が出たりね。人身御供《ひとみごくう》風に〝美人の侍女《じじょ》〟軍団なんかを送ってきたりするわけよ。二十人の美女を送るとか。

質問者Ａ　はい。

オフェアリス　そうしたお仕えする者のなかに、実は、最初から、中国の得意のハニートラップみたいな、もともと、そのつもりで来ている忍者《にんじゃ》、くノ一みたいな、何だっけ？　(映画「アベンジャーズ」シリーズに登場する) ブラック・ウィドウみたいなやつがいてね。そういうのが、まあ、やっていたよ、お互《たが》いね。

質問者Ａ　現代において、呪いなどをかけられたときに、それを打ち返す術について教えていただければと思います。

オフェアリス　まあ、やられたほうだから (笑)。ちょっと隙《すき》があったからやられたので……(笑)。

質問者Ａ　ただ、直接、オフェアリス神に来れば、そんなことはないのでしょうから。

オフェアリス　うーん、イシスが頑張《がんば》ってくれたんだがなあ。二回ぐらい危機を救ってもらってはいるんだがなあ。

うーん……、古代の宮中っていうのもまた難しいものがあってねえ。オシリスとセトの兄弟の戦いといっても、いわゆる、マイティ・ソーとロキとの戦いみたいな、何かちょっと怪《あや》しいものがあったんでね。これを見ても分かるように、弟のほうはけっこう陰謀癖《いんぼうへき》がある人だよなあ。私は正々堂々、破っていく陣《じん》ではあったんだけど。

まあ、やっぱり、（遠征では）ナポレオンでも駄目《だめ》だったぐらいなので。遠征すると、その間、妻のところに〝隙〟ができるところがあるのでね。このへんに問題はあったな、古代においても。

質問者A　難しいですね。

「オシリスの復活」とは、どのような現象だったのか

質問者A　「復活」についてお伺《うかが》いしたいのですが、「復活」というのは、具体的に、どのような力によってなされたのでしょうか。「復活現象」というのは、どのような現象だったのでしょうか。

オフェアリス　ここがねえ、今、「唯物論的《ゆいぶつろん》復活」と「霊的な復活」とがあって、キリスト教なんかでも非常に分かりにくくて、曖昧模糊《あいまいもこ》としているところではあるんだけれども。まあ、少なくとも、「死んだ」と思われた者が肉体的に復活した事実があったことは間違《まちが》いない、ということだよね。

質問者A　はい。

オフェアリス　だから、暗殺も二回以上、計画はなされたということだね。最後の段階では、ケネディみたいにあの世に送られてはおるわけだけど、あの世に送られてからも、まだ、多少、物質化するようなかたちで姿を現したりはできたということ。

質問者A　はい。物質化ですね。

オフェアリス　だから、冥界《めいかい》の帝王《ていおう》になってですねえ、結局、日本で言うと「祟《たた》り神」みたいに見えるかもしらんから、ちょっと言いにくいけど、まあ、息子《むすこ》の力も借りて、悪いことをした者を成敗《せいばい》することに成功するまでな。

それが成功したあとは、「またエジプトの守護神《しゅごしん》となって、繰り返し、ときどき、王様として生まれ変わって導いてください」みたいな感じの信仰《しんこう》が立ったわけで。だから、歴代のエジプト王朝が、初代の、神か人か分からないような王様として、あるいは神として王様として祀《まつ》ったのは、私かなと。まあ、オリジナルとしてね。

その前のアトランティスあたりの神は、ちょっと別で、肉体的にないことは、もうみんな分かってはいたんだけど、霊的には指導しに来ていたからね。まあ、そんなところかな。

「北斗七星《ほくとしちせい》」系の宇宙人と交流していた

質問者A　ある霊言《れいげん》では、当時、宇宙からの力も働いたようなことが言われていますけれども……。

オフェアリス　ああ、そういうことは、よくあったようだね。でも、地上にいる人たちが、宇宙の者やら神の者やら、あまり区別はつかないので（笑）。

質問者A　はい。

オフェアリス　まあ、「タイムマシン」という理解はなかったとは思うが、いったい何の力が働いて現れたかは、ちょっと分からないので。神様が送った未知なる獣《けもの》とか、機械のように見えただろうとは思う。

質問者B　その宇宙の存在と、オフェアリス神は交流できたのですか。

オフェアリス　うーん。特に、今、「北斗七星《ほくとしちせい》」と言われているあたりのほうから来る者がねえ、やっぱり、来ていたようには思うので。全部とつながっていたわけではないんだけど、そちらの方向から来る者との交流はあったね。

まあ、私が「それは宇宙人」という意識を持っていたかどうかはよく分からないのだけれども、「何か、神の使者みたいなものかな」と思っていたところはあるけどねえ。

「北斗七星」系から来ていたと思うから、おそらく、孔子《こうし》も何か関係があったのではないかと思われるんですがね。だから、「後《のち》の中国の儒教《じゅきょう》になるもの」などのもとになるような人たちの、宇宙的な者からの影響も、少しきていたような気はしますがね。

6　信仰《しんこう》と奇跡《きせき》と魔法《まほう》

神の代理人としての指導者の正義と徳

質問者B　今、「孔子《こうし》」というお話もありましたけれども、秩序《ちつじょ》や善悪についてお伺《うかが》いします。

オシリス神話が書かれている、古代エジプトの『死者の書』では、魂《たましい》が「バー」と「カー」に分かれて冥界《めいかい》を旅するわけですけれども、「来世《らいせ》の楽園に辿《たど》り着く前に、冥界神のオシリスに〝出頭《しゅっとう》〟してというか、その御前《みまえ》に出て審判《しんぱん》を受ける」というように記録されています。

オフェアリス神は、そうした「正義」の観点から、何か教えを授《さず》けたりされたのでしょうか。

オフェアリス　ああ、それはねえ、神としても、王としても、非常に大事な視点でしてね。

神が「あの世とこの世を貫《つらぬ》く正義」の判定をしなくてはいけないけれども、王様は、この世において、その代理人としてね。まあ、今の「三権分立」みたいな制度になる前は、やっぱり、王様が〝最高裁の長官〟も兼《か》ねているわけなので、「正しいかどうか」という判断はしなきゃいけない。行政権も裁判権もあったわけよね。立法権も持っていたわけだから。

そうした「正義の秤《はかり》」を持つということは非常に大事なことで、エジプトでは、今の日本の

『死者の書』に描かれた死者の審判のシーン（大英博物館所蔵）。冥界の神が天秤の片方に死者の心臓を載せて魂の罪を量る。

「最高裁」に当たるようなものは神様の起源や王様のルーツとも重なっているもので、「何が善で、何が悪か」ということを決めていたわけだ。

それで、細《こま》かいものを言い出したら、なかなかきりがないほど難しいことではあるのだけれども、「王政を通しての秩序が保たれていて、その保たれている秩序のなかで、人々が、ある程度、幸福である。幸せな状態を保っている」というならば、その秩序を維持《いじ》できる方向の判断が「正義」と判定されるわけだね。

ただ、悪王というのが、ときどき出てくる。残虐《ざんぎゃく》で悪いことばっかりしたり、「人の道から外れている」と思われる、今のマスコミが騒《さわ》ぐような王様だね。そういうときには、やっぱり、悪王のライバルになる者を送り込《こ》む。地上に送り込んで、戦わせたりすることはある。

だから、革命が起きたり、「他国からの戦争」というかたちで負けたりすることもあって。常に、戦争とか革命とか紛争《ふんそう》は、地上に正義を打ち立てるために起きていたようなところはある。（王に）「実力」と「徳力」が共に伴《ともな》っているときは国が最も繁栄《はんえい》して安定した時代で、そういうものを持っていなければ民《たみ》は苦しんだということだね。

これ以外にも、「自然災害」や「飢饉《ききん》」、あるいは、「地震《じしん》」とか、いろいろ厳しいことは多かったので。エジプトも地震で陥没《かんぼつ》しています。昔のアレクサンドリアがあったあたりも、今、海中に没《ぼっ》していますので。あれも沈没《ちんぼつ》しているんです。そんなものが起きたりすることもあるし、ナイル川が大氾濫《だいはんらん》を起こすこともあったりする。

まあ、こういうのも、「王様の徳力の表れ」と見られるので。今の日本であれば、皇室というか、天皇の治世下において、そういう天変地異とかが多いようだと、やっぱり、「徳が低い」と判断されることはあるだろうね。

権力と霊能力《れいのうりょく》を備え、智慧《ちえ》を伴《ともな》う「善悪」を説いていた

質問者C　冒頭《ぼうとう》で、「当時、現人神《あらひとがみ》のようなかたちで君臨《くんりん》しており、教えとしても、

『あの世とこの世を貫く生命』のようなことを説いていた」とおっしゃっていたのですが、具体的に、実際の政治を行《おこな》ったり、統治したりされていたのでしょうか。

オフェアリス　まあ、今の天皇ではなくて、昔の天皇みたいに、ある程度の権力を持っていたことは事実だし、もちろん、下に実質上の将軍みたいな人はたくさんいましたけどね。権力は持っていた。今の天皇は権力がないからね、命令しても国が動いたりはしませんが、（私には）権力があった。

それと、今の天皇は、儀礼《ぎれい》的・慣習的な宗教儀式に似たものはやりますけれども、それに何らの験《しるし》が表れませんよね。

だけど、大川隆法さんがやっているように、「〝天皇陛下《へいか》〟がやれば、ちゃんとした神意が表れてくる」みたいなことは、きちんとあったということだなあ。

そういう意味で、「権力が、もうちょっとあった」ということと、「霊能力《れいのうりょく》が現実に備わっていた」ということですね。

質問者C　生き方の指針などは、お説きになっていたのでしょうか。

オフェアリス　やっぱり、いちばん大事なことは、あの世へ還《かえ》ったときに〝死後の秤《はかり》〟にかけられて、正しく生きた人間は、「善のほうが多い。天国に還って安らいでよろしい」と、そうでない人間は、「おまえは悪が多い。地獄《じごく》へ行って罰《ばつ》を受けよ」となる、ということだね。これが基本的な教えだけどね。

ただ、これは基本的な教えだけど、永い永い歴史を持った教えでもあるわけで、こうした簡単なことでも分からない人はたくさんいますから、それを生きている間に教えていくことは大事ですよね。

例えば、国が安定しているときは、「忠義」とか、「孝」とか「親孝行」だとか、あるいは、隣人《りんじん》に善行を施《ほどこ》したりするようなことも非常に大事なことだわね。だけど、いったん国が危機になったときには、「勇気」や「国を護《まも》る気概《きがい》」とかね、そういうものも大事だね。

だから、私たちの「善悪」というのも、「単に、『隣人を殺した』とか、『友達を殺した』とかいうのと、『国を護る気概でもって戦って死んだり、殺したりした』というのとは明らかに違《ちが》うものだ」ということを分けるだけの智慧《ちえ》は、やっぱり、持ってはいたわねえ。そのへんのところを、きっちりと教えないといけないね。

「神の愛する人」はどんな人か

質問者A　オフェアリス神の特徴《とくちょう》としては、やはり、「奇跡《きせき》」ということがいつも思い浮《う》かぶのですが、「奇跡」と「信仰《しんこう》」の関係について、現代人にも分かるようなかたちで、教えていただければと思います。

オフェアリス　うーん……。もう一つはねえ、今より霊的だったから、人々が霊的には感じやすいことも多かったと思うんだけど、霊能者に近い人もわりに多かったとは思うので、「信仰の大切さ」ということも、今よりは、もっともっと知ってはいたわね。

やっぱり、「信仰」というのは神とつながる行為《こうい》なので、「信仰を持っていなければ、奇跡は起きはしない」ということだね。「奇跡」というのは何のために起きるかということですけれども、神の愛する人たちを護るために起きるのが、奇跡なんですよね。

だから、「神の愛する人たち」とは何であるかというと、「神を愛する人たちなんですよ。「神を愛する人たちを神は護りたもう」、これは契約《けいやく》の始まりなんですね。「神と人間との契約」の始まりです。

そのように、「信仰」というのは、「神と人間との契約」の始まりなので、「信仰がない」ということは「神と契約を結んでいない」ということなんですよ。「神と契約を結んでいない」ということは、自動的に、「悪魔《あくま》のほうの支配下に入る」ということを意味している。

だから、この地上に生きながら「神と契約を結んでいない」ということは、この地上は〝悪魔がちょっかいを出してもいい世界〟なので、これは、「悪魔の支配下に置かれる可能性が極《きわ》めて高い」ということですね。「何かのときには、悪魔に支配されても助けられない」ということは起きるわね。

そういう意味で、直接、悪魔と契約を結んだかどうかは別として、事実上、彼らの支配下に入る可能性がある。信仰がない状態というのは、そういうことになるわけです。だから、災《わざわ》いがたくさん起きたりします。「病気」とか、「突然《とつぜん》の死」とか、「没落」とか、さまざまな不幸が起きることが多い。

だけど、この世の不幸を乗り越《こ》えて、最終的には、来世で幸福であることを願うことが大事です。そのために、やっぱり、「信仰」というものが要《い》るのだということですね。

だから、「神様を信じておれば、たとえ、この世でどのような〝濁流《だくりゅう》〟に呑《の》まれようとも、来世で天上界《てんじょうかい》に引き上げてくださるのだ」ということが、素朴《そぼく》な信仰の形態ですよね。

そういうわけで、私《わたくし》以後は、やっぱり、私が中心的に……、まあ、主としてエジプト系に関してはね。ギリシャのほうでは、「オフェアリス」という名前で信仰されてはおりましたが、やがて、ヘルメスが出れば、そこで、ヘルメスのほうが主《しゅ》神《しん》に替《か》わっていますけれどもね。

「吾《わ》れは在《あ》りて在るもの」という啓示《けいじ》をモーセに与《あた》えた理由

質問者C　先ほどモーセのお話が出てきたのですが、幸福の科学では、「『旧約聖《きゅうやくせい》書《しょ》』のなかの『吾《わ》れは在《あ》りて在るもの』という啓示《けいじ》をモーセに送ったのは、オフェアリス神であった」と言われています。

オフェアリス　うーん……。

質問者C　その「吾れは在りて在るもの」という啓示の意味を教えていただけないでしょうか。

オフェアリス　ああ、（モーセたちは）エジプトから脱出《だっしゅつ》しようとしたんでしょ？「出《しゅつ》エジプト」でしょ？　許可が要るわねえ。だから、許可。

質問者B　（笑）

オフェアリス　だから、「許可を与《あた》える者は誰《だれ》か」ということだな。エジプトから脱出することを許可するという、まあ、〝通行手形を渡《わた》す〟ということでね。そのへんのところを、ちょっとだけ面倒《めんどう》を見てやったことはあったかなとは思っておるがなあ。

あのへんはねえ……、イスラエルとエジプトとは、利益相反する部分があって、お互《たが》い、神話・伝説的に、自分の部族のことをよく言って、他方のことを悪く言う傾向《けいこう》があるので、仲が悪くなっているから、ちょっと難しいんだけどね。

だけど、今は、エジプトもイスラム教が中心になって、まあ、一部、キリスト教も入っているけど、ちょっと取られているので、言いにくいことではあるのだけれども。

オフェアリス神から見た「モーセ像」

オフェアリス　うーん……、まあ、モーセねえ。あれも魔法使いの部分が一部、あることはあるんだけど。でも、モーセって〝気の弱い男〟でねえ。

質問者B　（苦笑）

オフェアリス　だから、今、描《えが》かれているのは、かなり誇張《こちょう》されたというか、間違って投影《とうえい》されているねえ。間違った像が投影されている。

質問者B　そんなに悪く言うのは、どうかと……。では、実際は、どのようなものになりますか。

オフェアリス　モーセって、すごく気の弱い人ですよ。すごく気が弱くて、奥手《おくて》で、口がどもって、気後《きおく》れするタイプの人でしたねえ。だから、お尻《しり》を叩《たた》いて叩いてしないと動かない感じの……。

質問者A　幸福の科学では、勇気の赤色光線の……。

オフェアリス　そんなものは正反対。

質問者一同　（苦笑）

オフェアリス　もう勇気なんて、羊がライオンに追われて、しかたなく、最後に谷を跳《と》ぶような感じの、その程度の勇気で。

質問者Ａ　そうですか（苦笑）。

オフェアリス　あなたねえ、砂漠《さばく》に四十年も放浪《ほうろう》するって、それは、どんな人だと思う？

質問者Ａ　どんなと言われましても（苦笑）。

オフェアリス　これは、気の弱いねえ、逃《に》げ回っとった、本当に〝ケツの穴の小さい男〟だぞ。ねえ？

質問者Ａ　では、霊界《れいかい》からは、何をおっしゃっていたのですか。

オフェアリス　ええ？

質問者Ａ　では、霊界からは、かなりお叱《しか》りを……。

オフェアリス　いやあ、もう本当に、優柔不断《ゆうじゅうふだん》、勇気がない、〝ケツの穴が小さい〟。まあ、イスラエルの民族も嘘《うそ》つきだよ。もう〝膨《ふく》らます〟のがうまいからさ、ずいぶん〝あれ〟してるけど、あれは、ないんじゃないか。〝粉飾《ふんしょく》〟がけっこうすごいよねえ。あの粉飾はすごいと思うなあ。

質問者Ａ　（苦笑）はい、分かりました。それは、また次回というか、また別の機会に。

オフェアリス　だから、それが、今、〝揉《も》めている〟わけだよ。

質問者Ａ　はい。

オフェアリス　だからねえ、実際、〝粉飾〟なんだよ。かなりの部分、粉飾で、もう命からがら、逃げて逃げて逃げ回って、最後、カナンの地にも入れずにね、死におった男なんだよ。それを、こんなにワーッと持ち上げているんだよねえ。

あの九次元霊、少し考え直したほうがいいんじゃないか。〝自称《じしょう》〟ということにしないと……。

質問者A　（苦笑）まあ、それは霊界で、エル・カンターレ様と一緒《いっしょ》に考えていただければと思います。

オフェアリス　だから、ほとんど出てこないじゃない。役に立たないからだよ。

質問者A　なるほど（苦笑）。

オフェアリス　なあ？　用もないのよ。

質問者A　分かりました。

アニメ映画で描《えが》かれた「自分の姿」の描《か》き直しを願う

質問者A　教えの部分につきまして、一つ、まとめ的にお伺いしたいのですが、主エル・カンターレの魂のなかで、オフェアリス神のご性質というものは、どのようなものなのでしょうか。

オフェアリス　うーん……。とにかく、（映画で描《えが》かれている）あの禿《は》げをやめて。あの禿げを……（会場笑）。

質問者Ａ　まあ、お姿についてはいいのですけれども……（苦笑）。

オフェアリス　もしチャンスがあったら、あの丸禿げをちょっと直して。あれは、どう見たって、もう七十から八十……。

質問者Ａ　はい。（質問者Ｂに）では、それは編集局のほうで……。

質問者B　はい。

オフェアリス　もうちょっとイケメンだったんだよ。イケメン！（質問者Aを指しながら）だからねえ、君に託《たく》す。

質問者A　はい。分かりました。

オフェアリス　君みたいなイケメンだったんだよ。

質問者A　ああ……、ありがとうございます。

オフェアリス　だから、それをモデルにして……。

質問者Ａ　はい。（質問者Ｂに）では、お願いします（笑）。

オフェアリス　（質問者Ａに）もうちょっと、光、後光《ごこう》が出ているような姿で、君が満足する顔に描《か》いてくれれば、それに近いから。

質問者Ａ　そうですか。分かりました。

オフェアリス神から見た「現代教育」の問題点

質問者Ａ　それで、私がお訊《き》きしたかったのは、主エル・カンターレの魂のなかで、オフェアリス神は、どのような特徴を担《にな》われているのかということです。

オフェアリス　ああ、それはねえ、ちょっと、まだやらないといけない仕事が残っておるんだよ。

質問者A　はい？

オフェアリス　これから……、今年（二〇一八年）から、ちょっと、魔法使い系のテーマに入るから、「少し目覚めが始まるのかなあ」と思って。やっと目覚めが始まるかなあ、と。

質問者A　はい。では、やはり、そこの霊的なパワーというか、霊界の秘儀、超能《ちょうのう》力《りょく》、魔法使い、魔法といった……。

オフェアリス　だから、今の教育がねえ、なってないのよ。

質問者A　はい。

オフェアリス　私はねえ、（大川総裁出身の）川島《かわしま》小学校や川島中学校ぐらいの悪口は言う気はない、ほとんどね。まあ、いいよ。もう田舎《いなか》はそんなものでしょう。変わらないけれども。だいたい、受験から東京大学あたりまでの、あのへんの〝唯《ゆい》物論《ぶつろん》の変化形〟みたいな教育は、もう魔法の力を極めて弱くする教育だよね。

質問者A　なるほど。

オフェアリス　「実証主義」と、何か、「細々《こまごま》としたものの考え方」みたいなものとか、「すべて論理的でなきゃいけない」みたいな、そんなのねえ、偏屈《へんくつ》を勧《すす》めているようなもので、あれでは魔法は起きないよ。

質問者A　なるほど。

オフェアリス　だからねえ、悪い学校だわ。

質問者A　はい。

オフェアリス　だから、本当に、HSUに早く行ったほうがいい。みんなねえ、あっちに行ったほうがいいよ。

質問者A　そうですね。

どうすれば、現代人は「魔法《まほう》の力」を発揮できるのか

質問者A　日本では、平安時代に陰陽師《おんみょうじ》が活躍《かつやく》しましたけれども、現代人は、どうすれば、魔法《まほう》の力を発揮していくことができるのでしょうか。このあたりについて、

お教えいただければと思います。

オフェアリス　やっぱりねえ、まず、知らないと起きないよね。

質問者A　知らないと？

オフェアリス　うん。「そういうものがあって、実際に起きることがあるのだ」ということを、まず知らなきゃ。最初から否定して待っていたら、もう動かないよねえ。

だから、「賀茂《かも》一族」とかいうのもね、「陰陽師」とかいって、やってたんでしょう？

質問者A　はい。

オフェアリス　鴨川《かもがわ》に関係があるのかどうか知らないけどさあ。やっぱり、「鴨を捕《つか》まえて、フランス人のコックに渡して、（フランス料理のドームカバーを開けるしぐさをしながら）パッと開けたら、鴨料理になって出てくる」ということを知らない人には、つくりようがないでしょう？

質問者Ａ　はい。

オフェアリス　知ってたら、「あっ、この鴨川の鴨を一羽捕まえて、フランス人のシェフに渡したら、鴨料理に変わるんだ」ということを知っていれば、できるわけですよ、さまざまな鴨の料理がね。

だから、「そういうことができるんだ」と知っている人にとっては、それは、ごく当たり前の過程でできることなんだけど、フランス料理なるものを知らない日本人の料理人だったら、もうそれはねえ、はっきり言えば、鴨南蛮《なんばん》にしかならないわけですよ。蕎麦《そば》のなかに切り身を入れて、放り込むぐらいしか思いつかない。

「この山動きて海に入《い》れ」とは、小さな話!?

質問者Ａ　ただ、『聖書』には、「『この山動きて海に入《い》れ』と言わばしかなるべし」という言葉があります。本当に海に入《はい》ったのかどうか分かりませんが、「山を動かす」などということは、本当にできるのですか。

オフェアリス　まあ、そんな〝小さな話〟で、私に立ち向かってくるとは、ちょっとそれは……。

質問者Ａ　（笑）小さな話ですか。では、信じれば、それはわれわれもできるのですか。

オフェアリス　「地球を創った」というのではなくて、「宇宙を創った」という話にまで私は行くので、〝小さい〟ですよ。

質問者A　小さい？

オフェアリス　うーん。

質問者A　（質問者Cを指しながら）では、ここにいる彼女などは、昔の弟子《でし》だったかもしれませんが、彼女も今世《こんぜ》できますか。

オフェアリス　いや、それはねえ、エジプトでピラミッドをつくった人たちは、みんなできますよ。

質問者Ａ　山を動かすぐらいできる？

オフェアリス　それは、そうですよ。山を切り崩《くず》さないと、ピラミッドはできないでしょう？

質問者Ａ　ああ、そういう……。

オフェアリス　それは、そうでしょう。

7　オフェアリス神の「健康倍増パワー」

「私（オフェアリス）を信じるだけで健康は保証される」

質問者B　信仰《しんこう》と奇跡《きせき》につきまして、みなさんが「ぜひ訊《き》いてみたい」と思う、非常にニーズのあるものの一つに、「健康」に関する考え方がございます。

オフェアリス　うん！　君は正しい。

質問者B　え？

オフェアリス　（体を見て）君、そのままでは〝危ない〟と思うよ（会場笑）。

質問者B　（苦笑）分かりました。

オフェアリス　ほんとに、もっと信仰心を持ったほうがいい。

質問者B　分かりました。

オフェアリス　（信ずる）相手をよく選んで。「オフェアリス信仰」をやれば、死んでも生き返るから。

質問者B　分かりました。はい。

オフェアリス　その信仰を強くしたほうがいい。

質問者B　幸福の科学には箱根精舎《はこねしょうじゃ》という精舎がございまして、そこには、「奇跡の神オフェアリスよ」というかたちで、「健康倍増祈願《きがん》」を下賜《かし》していただいております（現在は、全国の精舎にて開催《かいさい》）。

オフェアリス　なるほど。

質問者B　私もそこでよく祈願をさせていただいておりますが、「今に倍する健康を与《あた》えたまえ」ということで、経文《きょうもん》の文言《もんごん》においては、「今に倍する戦力」とか、「二倍の戦力」とか、「健康」とか、こういうことを積極的に教えていただいております。

健康倍増への、エイジレスのパワー、魔法《まほう》のパワーというものがございましたら、

幸福の科学 箱根精舎（神奈川県足柄下郡箱根町元箱根）

オフェアリス神から、直接、その要点を教えていただければと思います。

オフェアリス　いやあ、やっぱり、私を信じるだけでいい。信じるだけで健康はもう保証される。いったん死んでも、蘇《よみがえ》る。うーん。私を信じたら。

君のお腹《なか》を見たら、余命は、あと……。なあ？

質問者B　（苦笑）分かりました。

オフェアリス　カウントできないわけじゃないけど。ええ？

質問者B　すみません。命《いのち》懸《が》けになってきました、だんだん（笑）。命を懸けていますから。

オフェアリス　お腹……。もう背広が合わないじゃないか。

質問者B　（苦笑）分かりました。

オフェアリス　和服に替《か》えたほうがいいよ。

「体を再生する能力がある」と強く信じる

質問者B　追及《ついきゅう》が激しくなってきましたし（笑）、時間もないので……。

今、「信じる」ということを教えていただきました。

オフェアリス　ああ、信じなさい。信じなさい。

質問者B　私も信じたいのですが、何を、どう信じればよいのでしょうか。

オフェアリス　極端《きょくたん》な例だけれども、私の場合、棺桶《かんおけ》に入れられて窒息《ちっそく》し、ほんとに死んでいて、その棺桶をナイル川に流されたけれども、葦《あし》の生《は》えているところで、流れ着いたものを探し出されたら、仮死状態になっていた私は生き返った。

次には、「これだったら、もう生き返らないだろう」と、死体をバラバラにされ、いろいろな国に埋《う》められたけれども、「それを集め、つなげてミイラにし、包帯を巻く」などという処置をされたら、生き返った。

こういう話が遺《のこ》っているわけだから、そのくらいの再生能力があると思わなくてはいけない。

再生能力がトカゲにあって私にないはずはないわけだから、そう思っていい。トカゲであっても尻尾《しっぽ》が生えてくる。それを神様が許しておられるんだから。

質問者B　なるほど。再生能力を信じる。

オフェアリス　うん。再生能力なんですよ。要するに、体のいろいろなものが弱ってくるわけですよ。「それを再生する能力がある」と強く信ずることができたら……。

質問者B　強く信ずる。「再生能力がある」と信ずる。

オフェアリス　ええ。片足や片手がなくたって、ほんとは生えてくるんですね。

質問者B　ええっ？

オフェアリス　ほんとは生えてくる。だけど、七十何億人が「生えない」と信じているから、その念波《ねんぱ》が強くて、なかなか生えないんだ。これねえ、もし、三十五億が信じたら、生えてくるんだよ、ほんとは！　ほんとに生えてくるんだよ。

質問者B　本当に生えるんですか。

オフェアリス　生えるんだよ！　だけど、みんなが「生えない」と信じているから、それに一人で勝つのは大変なんだよ、ほんとに。

質問者B　強い信念が出てきます。

質問者A　そうですね。

オフェアリス　「トカゲに生えて、人間に生えない」っていうのは、けしからんことだよ。
（会場の聴聞者《ちょうもんしゃ》を指して）彼なんかも、強く信じたら、お尻《しり》から尻尾が生えてくる（会場笑）。

質問者A　（笑）

オフェアリス　うん。

質問者B　本当ですか（笑）。

「代償《だいしょう》の法則」の下《もと》では、「信仰《しんこう》」のほかに「努力」も要《い》る

質問者A　では、（質問者Bを指して）彼は、痩《や》せる努力をしなくても、信仰《しんこう》があれば、痩せられますか。

オフェアリス　いや、それは無理だ（会場笑）。

質問者A　（笑）

質問者B　そこは置いておいて（笑）。

オフェアリス　何て言うかねえ、贅沢《ぜいたく》をした者は、それなりの代償《だいしょう》を払《はら》わなければいけない。

質問者B　（苦笑）

オフェアリス　「代償の法則」っていうものがあるからねえ。

質問者A　多少の努力は、やっぱり必要ですね。

質問者B　現実面での「多少の努力」と「信念」と両方が必要なわけですね、再生の力が働くには。

オフェアリス　「うまいことをして逃《に》げおおせる」というのは、そんなに簡単には、やっぱりねえ。

質問者A　「できない」ということですね。

オフェアリス　それはいけないことであって、やっぱり、世間《せけん》から見て、公正で妥《だ》当《とう》な判決を下《くだ》さなければいけないから。

質問者A　はい。

「人間性の解放」は繰《く》り返し起きており、「女性の時代」は昔にもあった

質問者B　あと一つ、いいですか。

オフェアリス　はい。

質問者B　信仰と奇跡の流れで、もう一つ……。

オフェアリス神は、指導霊《しどうれい》として地上のゼウスを指導なさったことがあるとされております。

オフェアリス　はい、はい、はい。

質問者B　ゼウスの教えには「人間性の解放」の教えもございまして、非常に伸《の》び伸びとした感じもありました。

「自由」というか、「解放する感覚」というものを、オフェアリス神がご指導されたことはございますでしょうか。

オフェアリス　いやあ、それは繰《く》り返し起きているんじゃないの？　時代の波で、ときどき、解放する〝あれ〟が出てきてはいるので。

今は「女性の時代」とか言っているけれども、いや、昔だって、それがあったことはあったんでね。長い歴史のなかには、そういう時代はあったんだけどね。

だから、ギリシャにだって、アマゾネスの時代もねえ……。

（質問者Cを指して）あなたの（エジプトの）次の転生《てんしょう》には、アマゾネスの時代も……。

質問者B　アマゾネスで生まれたんですか、この方は。

オフェアリス　私が指導したあと、アマゾネスで生まれていると思うよ。そのときには、ほんと、槍《やり》を持って走り回っとったはずだけれども……。「ワンダーウーマン」に出演したらええよ。

質問者B　（笑）

オフェアリス　ただ、主役にはなれないな。主役は無理だ。

8 「創造の神」の「物質化現象」――その秘密とは

イマジネーションが念力《ねんりき》に変わり、それが物質化してくる

質問者B　その流れで、もう一点だけ……。

オフェアリス　え？　何？

質問者B　「創造性」について教えていただきたいと思います。

オフェアリス　ああ。はい、はい。

質問者B　今、幸福の科学は芸能系にも進出しておりまして……。

オフェアリス　うん。やっているよ。これも応援《おうえん》しているんだよ、今。

質問者B　ああ。応援しているんですか。

オフェアリス　うん。やっぱり、それは魔法《まほう》と関係があるから。

質問者B　ああ。

オフェアリス　芸能系は魔法と関係がある。

質問者B　人間が創造力を高めるためには、どのような思いを持って工夫《くふう》すればよろしいでしょうか。

オファリス　あのねえ、これは「未来予知」と「透視《とうし》」を兼《か》ね備えたようなものかなあ。

「お化粧《けしょう》をすれば美しくなる」ということは、やっぱり、「どのようにすれば美しくなるか」ということを見通すことができれば、その間を埋《う》めることができる。だから、お化粧だって、この世的な解釈《かいしゃく》ではあるが、ある意味での魔法は魔法だなあ。それが今、全世界に、ある程度、広がっていっているわけだよな。

だから、そういう意味で、「未来の結論をよい方向に変えよう」とするために魔法を使うわけであってね。

その「よい方向に向けて使うためには、どうするか」っていうことにおいては、「想像力」というか、「構想力」というか、未来についてのビジョンを思い描《えが》く力が大事ですね。それを思い描くことができない方は、それを実行することはなかなかできないんですね。

（質問者Bに）あなただったら、そのウエストが落ちている姿を想像することができれば、そのようにはなる。

質問者B　イマジネーション（想像）を描く。

オフェアリス　そうそう、そうそう、そうそう。それが魔法の始まり。

質問者B　魔法の始まりは「想像すること」ですね。

オフェアリス　そうです。

質問者B　イマジネーションで……。

オフェアリス　神様はそのイマジネーションでね……。神様のレベルはいろいろあるけれども、「宇宙創世の神」というか、地球も含《ふく》めて、「創造の神」っていうのは、やっぱり、基本的にイマジネーションがすごく強い人で。このイマジネーションが念力《ねんりき》に変わり、念力が物質化してくる。

「霊子《れいし》」が四個以上くっついて動きを止めると「素粒子《そりゅうし》」になる

オフェアリス　「すべてのものは霊子《れいし》からできている」と言われている。今までに見つかっている分子や原子、それから素粒子《そりゅうし》等があるけど、素粒子をもう一段砕《くだ》いたレベルまで行くと、霊子になるわけだ。

霊子は「体積も重さもほとんどない」と思っていいものではあるんだけれども、体積も重さもない霊子がですね、四個以上くっついて動きを止めたときに、素粒子になるんですよ。

質問者B　ほう。

オフェアリス　素粒子ができてきて、半物質化してくる。だから、半分は物質で、半分は物質ではない、幽霊《ゆうれい》のような物質です。半分は幽霊。だから、（壁《かべ》を指して）こんなところを通過するようなものですね。そういうものが出来上がってくる。

この素粒子の動きをもう一段鈍《にぶ》くして、〝彼ら〟の世界で言えば、四個で固まったものが、銀河系をつくるようなかたちでまとまってきたら、それが、やっとね、原子などの質量を持ったものに変わってくるんですね。

そういうものなので、そのもとの霊子のところをつくっているのは「念《おも》い」なんですよ。霊子は、「念い」としての神のエネルギーが一点に凝固《ぎょうこ》したものであるわけですね。

君らは、顕微鏡《けんびきょう》、あるいは、それ以上の拡大鏡を持っているだろうから、どんな物質だって、拡大していってみたら、実際には、なかは空《す》き空きだよね。ほんとは、空中に、点々のような〝ちっちゃい物質〟が、空き空き同士でお互《たが》いに引き合って存在しているだけだね。

手で全部を受け止められるように見えるけど、ほんとは素通《すどお》しであってもおかしくないわけよね。

西洋とは違《ちが》い、日本の幽霊《ゆうれい》には足がない理由

オフェアリス　そういう状態のものが、現在、あなたがたの体をつくっているので、体を霊子《れいし》の世界まで「分解」し、また、そこから「復元する力」があれば、実は、テレポーテーションで地域を移動し、いろいろなところに姿を現したりすることもできるし、ほんとのことを言えば、霊界《れいかい》からこの世に物質化して現れることもできる。

西洋のほうの幽霊《ゆうれい》には、肉体を持ったようなかたちで出てくるものが多いわね。

日本の幽霊は、足がなくてフワフワ浮《う》いているけれども、あれは、「物質化の過程」をよく知らない証拠《しょうこ》だ。それを日本の神様があまり教えていないので、そういう教えがなくて分からないんですね。「あの世に行って終わり」で、だから足がないんだね。

西洋のほうは、私がいるので、「あの世に行ってから物質化して戻《もど》ってくる」っていうのを教えられているわけ。

イエスだって、本当は、いちおう一回は物質化して出てきている。少なくとも五百人ぐらいに見られるまでに物質化して、一回出てきているんだ。そのあと霊体《れいたい》に返っているけどね。

質問者A　イエス様の復活のときにも立ち会われたのでしょうか。

オフェアリス　それは、魔法があるときには出ますよ。

質問者Ａ　いらっしゃったんですね？

オフェアリス　魔法があるときには出ますよ。

質問者Ａ　なるほど。

オフェアリス　やったんで。だから、モーセなんかについても、早く〝削除《さくじょ》〟したほうがいいよ。

質問者Ａ　さらに、魔法という観点でいくと、ヘルメス様も魔法が得意ですよね。オフェアリス様とヘルメス様の魔法の違《ちが》いがもしあれば、教えていただけますでしょうか。

オフェアリス　うーん。まあ、ヘルメスのほうがちょっと〝エロチック〟だな。

質問者A　（苦笑）そういうこと……。では、そこについては結構です。

今、オフェアリス神は幸福の科学以外を指導していない

質問者A　現代に話を向けます。現代には、いろいろな分野がありますが、どういうものに対して、あるいは、どういう方に対して、今、天上界《てんじょうかい》からご指導されているのでしょうか。もしあれば……。

オフェアリス　いやあ、私の名前を呼ぶ人がいないからさ、幸福の科学以外には指導するところはないよ、今はね。

質問者A　そうですか。

オフェアリス　今は〝隠居《いんきょ》〟しているね。

質問者A　そうなんですか。

オフェアリス　うん。今は〝隠居〟している。だから、今、呼び起こしてくれようとしているから、喜んでいるね。頑張《がんば》れ。

質問者A　なるほど。

オフェアリス　イスラム教なんか信じちゃいけない。イスラム教は、「偶像崇拝《ぐうぞうすうはい》だ」と言って、ああして（仏像などを）ぶち壊《こわ》すけど、「オフェアリス神」っていう、禿《は》げじゃないものを、きちんと祀《まつ》ってくれれば、力はほんとに出てくるからさあ。

質問者A　分かりました。

9 魔法《まほう》の「白」と「黒」を分けるもの

芸術に関しては、釈尊《しゃくそん》や孔子《こうし》の教えだけでは足りない？

質問者Ａ　芸術・芸能に関して、これについては、何がまだ足りないのでしょうか。もう一段、踏《ふ》み込《こ》んでお教えいただければと思います。

オフェアリス　現代はそこそこ頑張《がんば》ってはいるから、古代の人間があんまり口を出すのはあれなんだけどね。ちょっと、うーん……、まあ、いいところもあるんだけど、何だろうかね。

いや、これは仲間内で喧嘩《けんか》になってもいけないな。

まあ、釈尊《しゃくそん》とか孔子《こうし》とか、このあたりはちょっと〝辛気臭《しんきくさ》い〟っていうか、何か

〝古臭い〟っていうかさあ、若いくせに。

質問者A　（笑）

オフェアリス　ねえ？　若いくせに、何か古臭い。もう、戦前の道徳みたいなことをいっぱい説くものだからさ、芸術として、もうひとつ行かないんじゃないかなあと。

ヘルメスなんかだと、もうちょっと開放的な方のはずなんだが、何だか……。これは、ちょっと幸福の科学が〝カビ臭い〟ので、やっぱり、ケリューケイオンの杖《つえ》が振《ふ》れないで困っているんじゃないかなあ。うーん。

質問者A　なるほど。

「ディズニーの魔法《まほう》には、白魔術も黒魔術も両方入っている」

質問者B　今の芸術の話の延長線上ですけれども、ウォルト・ディズニーという方がいます。

オフェアリス　うん、うん。

質問者B　今、ディズニーランドが世界中で流行《はや》っていて、非常に天国的なアトラクション等もありますけれども……。

オフェアリス　なんで「天国的だ」と言える？

質問者B　ああ、すみません（苦笑）。えっ？　いけないですか？

オフェアリス　勝手に断定するな。

質問者B　分かりました。

オフェアリス　あの魔法《まほう》のなかには、悪魔的なものも入っている。

質問者B　いや、以前、霊言《れいげん》の収録でディズニーの霊を呼んだときに……。

オフェアリス　それは勝手に言っとるんだろう。

質問者B　「オフェアリス神やヘルメス神とは関係がある」というようなことをおっしゃって……。

『ウォルト・ディズニー「感動を与える魔法」の秘密』（幸福の科学出版刊）

オフェアリス　金儲《かねもう》けに使っているだけだろう。

質問者B　やはり、ディズニーには、ちょっとそういうところがあるんですか。

オフェアリス　まあ、まあ、まあ、まあ。子供の夢を奪《うば》っちゃいけないから、あれだけど。必ずしも、君らが言う白魔術で統一されているとは言えないね。「白」も「黒」も両方入っているわな。

質問者B　「白」と「黒」と両方ですか。

オフェアリス　うん、両方入っている。

質問者B　その「白」と「黒」を分かつものは何なのでしょうか。

オフェアリス　白と黒を分かつものは……、何だろうかね。

だから、「天上界《てんじょうかい》を愛する心」や、やっぱり、「太陽の光を愛する心」というか、「明るい世界を愛する心」と、それを好きでないものもいるわけよ。

地面の下なんかで、こう、木《こ》の葉をまくれば、下に虫みたいなものがいっぱいいるじゃないですか。モグラみたいに下に潜《もぐ》りたがるものもいるのでね。それが黒魔術よ。

白魔術というのは、チョウチョみたいに空を飛ぶもののほうだからさ。

やっぱり、サナギがチョウチョに変わって飛ぶなんて、これは魔法そのものじゃないですか。自然界にも、すでにあるものですよ。

そういう、「みんなに見られて美しいと感じられる世界」は白魔術の世界なんだけど、実は、「人から隠《かく》れてやっているからこそ、効き目がある」という魔法もあるわけね。知られないからこそ、効き目がある魔法。まあ、それは黒魔術系なんだけど。

ディズニーには、「全部、白魔術」とは言えないものも入っているんではないかな。

空海《くうかい》は「ヘルメスの弟子《でし》」とも言える

質問者B　仏教には空海《くうかい》様など、超能力《ちょうのうりょく》が非常に強い方もいらっしゃいました。そのように、宗教家として出てくる超能力もあるかと思います。

オフェアリス様は六千五百年前にお生まれになったということですが、この間、宗教的ご指導をされた分野はございますでしょうか。キリスト教の方やエジプトの方、その他の方でもいいのですが、指導霊としてご指導された方は、モーセ以外に誰《だれ》かいらっしゃいますでしょうか。

オフェアリス　いや、空海はあれじゃないかねえ、ヘルメスの弟子《でし》なんじゃないですかね。

質問者Ｂ　空海はヘルメスの弟子？

オフェアリス　うん、うん。似ている。やっていることがね、よく似ている。

質問者Ａ　当時、ご一緒《いっしょ》に活躍《かつやく》されていたということですか。

オフェアリス　うん、うん。たぶん弟子。

質問者Ａ　なるほど。

オフェアリス　たぶん弟子だから、似たようなことをやっているね。

質問者Ｂ　空海の前世《ぜんせ》はヘルメスの弟子だったということですか。

オフェアリス　うん、うん。弟子なんじゃないですか。

質問者Ａ　なるほど。

オフェアリス　よく似ているよね、やることがね。やっていることが似ているので。まあ、仏教系ということにはなっているけど、魔法だよね。魔法使い。〝仏教系の魔法使い〟だよね。仏陀《ぶっだ》が絡《から》んでいるから、まあ、そうなったんだろうけど、魔法使いですよね、基本的にはね。

すごくヘルメスっぽいね。似ているから、お弟子さんだと思います。いると思います。

当時、ギリシャに生まれた理由は「世界の中心」だったから

質問者C　素朴《そぼく》な疑問なのですけれども、大川隆法総裁の魂《たましい》のご兄弟は、インドやムー大陸、アトランティス大陸など、いろいろなところにお生まれになっていますが、オフェアリス様とヘルメス様は時代的にもやや近く、同じギリシャにお生まれになっています。これは、何か意味があるのでしょうか。

オフェアリス　うーん、まあ、「そこが世界の中心だったから」としか言いようがないですなあ。世界の中心だったから、そのあたりが長らく。

うーん……、いや、一万年ぐらい中心だったから、はっきり言えば。今のアメリカが勃興《ぼっこう》してくるまで？　この百年ぐらい、アメリカが勃興してくるまで。まあ、中国とかが栄えたときも、ちょっと一部あることはあるけれども。

質問者A　なるほど。

シュメールの「天空神アヌ」との関係について

質問者A　そうしますと、オフェアリス神と同じぐらいの時代か、ちょっと前かは分かりませんが、シュメールに、「天空神アヌ」という方の神話が遺《のこ》っております。

オフェアリス　ああ、うん。

質問者A　その方はエル・カンターレの魂のご兄弟ではないかという話があるのですが、何かご記憶《きおく》はございますか。

オフェアリス　ああ、それはあっちのほうだろう。「エローヒム」という名前で、肉体を持たずに上で束《たば》ねている者が存在しているのでね。それは中東あたりには長いので、だいたいまとめていたと思う。そちらのほうだと思う。

だから、私から見れば、地上に出てくる部分ではないほうの〝残留本体《ざんりゅうほんたい》〟のところじゃないかなあ。

●エアかな？　まあ、似たようなものですよ。

うーん、中東もずいぶん宗教を起こしているからね。だけど、今、尊敬されていないから、あまり中東のことを言うと不利なのよね。

中東というと、「エクソシストの起源」みたいにだいたい言われていて。中東の何かを掘《ほ》り起こすと、それが悪魔になって、悪魔崇拝《すうはい》になってね、「それとキリスト教が戦う」みたいなものばっかりつくられるじゃないですか。だから、昔の宗教ですよ。

だけど、中東にも数多く出て……。エジプトにも出ているけど、中東にも数多く出ているので、そちらのほうも、多少、束ねていたというところはあるわね。

●エア　別名エンキ、古代シュメールの大気《たいき》の神。天空神アヌの息子であると言われている。『ゾロアスターとマイトレーヤーの降臨』（幸福の科学出版刊）等参照。

ただ、そちらのほうは、今、ゾロアスターとかマヌとかいわれているような人たちがよく出ていたところではあるわね。近年ではね、数千年では。

「あの世はどんなものでも存在する、いいところ」

質問者B　オフェアリス神といいますと、ペガサスの印象が非常に強くございます。

オフェアリス　ペガサス？

質問者B　ええ。『愛は風の如《ごと》く』（前掲《ぜんけい》）のなかでは、ヘルメス神が、「オフェアリス神はペガサスの馬車に乗って天空から降りてきた」というように情景描写《びょうしゃ》されていました。

オフェアリス　へえ。

質問者B　また、オファアリス神の眷属《けんぞく》には、自然霊の龍《りゅう》であるとか、龍神《りゅうじん》もいらっしゃるのではないかと思われます。

想像力豊かな世界のなかには、そうした生命体もいますけれども、龍神やペガサスが出てくる世界観とは関係があるのでしょうか。

オフェアリス　まあ、からかわれているんじゃない？　君たち。からかわれているのかも（笑）。

質問者B　いや、いや（苦笑）。われわれは、そういうかたちで、尊いお話として承《うけたまわ》っておりますけれども。

オフェアリス　とりあえず、〝ギリシャ的〟にしなきゃいけないから、そう言ってるんだけど。

まあ、ヘルメスを〝すごい美青年〟に描《えが》いているからさ。その対比上、私は何だか、すごい〝もうろくした魔法使い〟みたいな感じなんで、もう好きなようにしてくれって。カボチャの馬車でも何でも、それは構わんけど。

いや、そんなものは、形はどうにでもなるんだよ。どうにでもなるんでね。

あの世にはどんなものでも……。それはね、龍みたいなものもいるし、もう偉《えら》い客人の場合は、死ぬときに地上に馬車まで送って迎《むか》えに行って、〝炎《ほのお》の車〟に乗って還《かえ》ってきたりすることだってあるわけだから、いろいろ形態はあるさ。

まあ、あの世もいいところだから、早く来いよ（会場笑）。教えてやるからさ、どんな世界か。

大事な人が死んだら呼びなさい。「復活の力」を与《あた》えよう

質問者A　では、最後になりますが、オフェアリス神からご覧になりまして、未来

社会の展望についてのメッセージがございましたら、お話しいただければと思います。

オフェアリス　うーん……（約十秒間の沈黙《ちんもく》）。まあ、私は今のところねえ、あんまり必要とされていなくて、退屈《たいくつ》なんですよ。いやあ（笑）、必要とされていないんですよ、そんなに。

そう？　箱根精舎《はこねしょうじゃ》で（オフェアリス神霊指導の祈願《きがん》を）やっているの？　知らんかったわ。じゃあ、効いていないかもしらんな。

質問者B　いや、そんなことはないと……（笑）。私も箱根精舎に行きまして、オフェアリス様霊指導の「健康倍増祈願」を何回も受けておりますけれども……。ご指導、よろしくお願いいたします。

オフェアリス　祈願は効いていないかもしらん（会場笑）。いや、これから認識することにする。まあ、そんなのやるんだね。

君らの祈願なんて、もう、毛でくすぐられている程度で、よく分からん。

質問者B　オフェアリス様は、霊的に〝巨大《きょだい》〟だからなんですね。

オフェアリス　「うん？　何だ？　今、どっか触《さわ》ったか？」というような、そんな感じだからさ。もうちょっとバシッと決めてくれないと、やっぱり来ないよなあ、普《ふ》通《つう》はね。

まあ、そう言ったら詐欺《さぎ》になるから、効いていることにしよう。ちょっと何か届いて、くすぐられているような気がするというぐらいだ（注。この収録のあと、オフェアリス神特別霊指導の「機能再生祈願」と「芸能活動活発化祈願」の霊示《れいじ》が降りた）。

だけど、あまりにも暇《ひま》なのよ、魂のグループ的にはね。

今、仕事があまりないので、誰か大事な人が死んだら呼んでください。「復活の力」は与《あた》えるし、君らも病気になって、「まだもうちょっと、あと五年ぐらい働きたい」とか言うなら、いちおう呼んでくれれば、まあ、心掛《こころが》けがよければ助けてやってもいいとは思うのでね。

質問者A・B　ありがとうございます。

オフェアリス神が〝復活〟すれば、「魔法《まほう》の時代」が来る

オフェアリス　いや、仕事がちょっと少ないので、今、寂《さみ》しい。もう忘れられて、少ないので、幸福の科学でもうちょっと宣伝しておかないと、個性が消滅《しょうめつ》する可能性があるんでね。

禿《は》げを早くどうにか直していただかないと。

質問者A　映画の問題でしょうか。

オフェアリス　うん、映画ですねえ。まあ、絵を描《か》いた人の趣味《しゅみ》でしょうけど。ちゃんと霊視《れいし》をするんだ！　霊視を。（私は）もっと〝いい男〟なんだ。〝いい男〟だということが分からないというのは、やっぱり、いかん。〝黒魔術《くろまじゅつ》〟がかかるぞ、白魔術じゃなくてね。

だからね、どっかのシーンで、ちょっと〝いい復活〟をしたいなあ。

質問者Ａ　そうですね。

オフェアリス　まあ、そう願っている人も一人か二人はいると思うよ、うん。もう、ほぼ忘れ去られているのでね。

うーん、今、潮目《しおめ》が悪いんかなあ、ちょっとね。エル・カンターレって、福引《ふくびき》みたいなので、こう、カラカラ回して玉が出てくるみたいな、あんな感じでやってて。

なかなかねえ、自分が思うように玉を出せないんだよ。難しくて、複雑で。もうちょっと単純にいかないといけないから。

だからね、一回、やっぱりストレートに決めてね、魔法の時代なら魔法の時代にパシッと決めりゃあさ、「何でも起こしてやるわ」という感じがするよ。「魔法の時代でいく」というんだったらさ、やっぱり、「ネッシーを這《は》い上がらせて、ロンドンまで歩いてこさせる」ぐらいのことはやらせますよ。

現代は魔法《まほう》の力が効かない「狂《くる》った世の中」になっている

質問者Ａ　ということは、逆に言えば、幸福の科学もまだ十分に魔法《まほう》の力が働いていないということですか。

オフェアリス　効いていない、効いていない。この世の力のほうが強くて、もう、一割も効かないね。

質問者A　そうですか……。

オフェアリス　効かないんだよ。君らが信じているもののなかに入っているものが違《ちが》うから。

だから、「信仰心《しんこうしん》」とか言っているけど、信じているもののなかに、この世限りで教わったものがいっぱいあるのでね。これを抜《ぬ》かないかぎり入らないから。抜けないんだよ。

質問者A　なるほど。

オフェアリス　だから、魔法の力が百パーセント入るとね、精神病院に行くか、ディズニーランドに勧めるか、まあ、どっちかぐらいしかなくなるので（笑）。君が言っていることを聞くと、「ああ、そろそろ〝行った〟ほうがいいです」って、連れていかれることになるからね。
いやあ、でも、しかたがない。この世が「仮の世」で、〝狂《くる》っている〟世の中なんだから。
安倍晴明《あべのせいめい》とかが奇跡《きせき》を起こしたりとか、いっぱいやっているけど、現代でやってごらんよ。すぐ収容されるから。

質問者Ａ　幸福の科学であれば、「やり放題」ではないかと思うんですけれども。

オフェアリス　じゃあ、チョウチョが飛んでいるのを〝ヒョッ〟としたら、きれいな女性に化《ば》けて、酒を酌《く》んでくれるのかい？　そんなことがここで起きていると言ったら、どうなるんだい？　まあ、平安時代だから、いいんだろう？
今だったら？　できるんだよ。この人（質問者Ｃ）の本当の姿は何だか分からないだろう？

質問者A　うーん。

オフェアリス　ゲジゲジかもしれないんだから。な？　何だか分からないね。人間の姿はしてるけど、本当は違うかもしれない。ね？……いやいや、失礼した。違うかもしれない。もっと美しい、チューリップのような方かもしれない。分からないけどもね。

質問者A　はい。

〝パソコンばかり〟の人は、あの世でのリハビリが難しい

オフェアリス　君たちが学んだもののなかに、すでに、魔法を阻害《そがい》するものがかな

り入っているために、完全には効かないんですよ。それほどまで素直《すなお》に百パーセント信じる力は、出ないんですよ。

だから、あの世へ行っても、これ、今、すごい苦労してるんですよ。現代人があの世に還ってから、この〝脱《だつ》洗脳〟をかけるのに、ものすごい時間がかかってね。いや、困ってるんだ。

特に、機械類が発達しているでしょう。コンピュータ類は便利なのかもしらんけど、あれで長く、人生何十年もやってきた人たちが、あの世に還ってきてからあとのリハビリの難しさは、もう、どうしようもないね。

何かねえ、指ばっかり動いてるんだよ、指ばっかり。「違うでしょ？　指じゃなくて、ほかのところを使ってください」って言うんだけどさ、もう、指を動かすことばっかり。

だから……、今なら、そうそう、マイケル・ジャクソンの「スリラー」ってあるじゃないの。あんな感じで、今、あの世に還ってきて、みんな指を動かしながら、こうねえ……（両手でパソコンを操作するようなしぐさをする）。こんな感じの人が何百人もやってくるんだよ。

もう、気持ちが悪いって。これ、もう、たまらないわ。おかしい。ちょっとおかしいんじゃないかな。「指がこうじゃなくて、こうだろうが」って（両手を合わせて何度か手を叩《たた》く）。「祈《いの》りは、合掌《がっしょう》でしょう。なんでこれが分からないのよ」って言ってるんだけど、分かんないんだよなあ。ちょっとねえ、考え直したほうがいいんじゃないかな。

まあ、全部を否定はしないよ。必要なもんだろうとは思うけど、もうちょっと、当たり前の人間らしいありように返らせないといけないんじゃないかなあ、うーん。

魂修行《たましいしゅぎょう》の目から見て、現代人は生き方を改める必要がある

オフェアリス　もうすぐ、あれじゃないの？　神社・仏閣《ぶっかく》に初詣《はつもうで》のおみくじなんか買いに行くのはバカバカしいから、もう、家で全部買えるようになるんじゃない

の？　こうやって（パソコン操作のしぐさをする）、家に送ってきてくれるんじゃないの。そんな感じなんでしょう？

お金もビットコインだとか、架空《かくう》の何か、やってるんでしょう？

君らはもう、人生終わりだ。もうすぐねえ、人間界終わるよ、これ。もうすぐ終わると思うな。魂修行《たましいしゅぎょう》にとってプラスでなくなったら、〝終わり〟になっちゃうよ。だから、もう一回、生き方を改める必要があると思うなあ。ちょっと〝洗脳〟をかけてやる。こう、頭をクシャクシャッとしてやらないと、ちょっと危ないな。

（質問者Bに）君のところの部下なんかも、もう、そんなような人、いっぱいじゃないか。今、何か、おかしいのがいっぱい集まって。

質問者B　（苦笑）一生懸命《いっしょうけんめい》頑張っているのですが、自己変革をして、奇跡の力を受けられるように、もっともっと信仰を深めてまいります。

オフェアリス　もうちょっと霊的になるように、な。

質問者B　霊的な感覚をもっと強めてまいります。はい。ガチャガチャとパソコンを打つ力のみにならないように……。

オフェアリス　もう、あの世へ来て、三途《さんず》の川を渡《わた》ってくるの、たまんないよ、あれ。あれを見るたびに、「これ、どうしよう」って。この人たち、何かに〝接続〟したがってるらしいんだけど。

まあ、本当にもう、われわれは困ってるんですよ、これ。ほんと、どうしたらいいの、これ。

質問者B　今世《こんぜ》、「科学文明」と「霊的文明」を合わせるような教えを頂いていますので、はい。

オフェアリス　ええ。教育の比重の問題だよな。
だから、気をつけないといけないね。

質問者Ａ　はい。分かりました。そろそろお時間となりました。

オフェアリス　はい、はい。

質問者一同　本日はまことにありがとうございました。

オフェアリス　はい（手を二回叩く）。

10 現代では、本来見えるものが見えなくなっている

大川隆法　うーん、何だか、ちょっと〝江戸《えど》っ子〟みたいな感じの人ではありました（笑）。ただ、仕事がないらしい。

質問者B　仕事がない……（苦笑）。

大川隆法　ないらしいということは分かりました（笑）。あまりないらしい。まあ、それはそうでしょうね。たぶん、オフェアリスについて考えたり、祈《いの》ったりしている人というのも、あまりいないのではないでしょうか。

質問者A　そうかもしれません。

大川隆法　あまりいないでしょうね。「仕事がなくて、寂《さみ》しい」ということでした。もうすぐ個性が崩壊《ほうかい》するのだそうです。かわいそうですね。オフェアリス信仰《しんこう》の部分も、何かつくらないといけないでしょうか。

質問者A　そうですね、はい。ぜひとも……。

大川隆法　劇や映画をつくるあたりのところで、魔法《まほう》であるとか、何かオフェアリス様のことについて、多少はＰＲしたほうがいいのかもしれませんね。

質問者A　「霊界《れいかい》パワーが降りてきて、健康になる」など、あらゆる奇跡《きせき》が起こるとされるので、ニーズはあるのではないでしょうか。

大川隆法　「（魔法は）この世では、九割がたは効いていない」と言っていたので、まあ、そうかもしれません。

質問者Ａ　うーん。

大川隆法　本来であれば見えるものが見えなくなっているのでしょう。霊視《れいし》などもできなくなっていて、声も聞こえないし、分からないようになっています。「あの世がある」とか、「亡《な》くなったお母さんが、ここに来ていますよ」などと言ったところで、「バカバカしい」という感じなのでしょう？

これはやはり間違《まちが》っているのですが、間違っていることが分からない状態であるので。

質問者A　そうですね。

大川隆法　もうちょっと正さないといけないでしょうか。

質問者A　はい。

大川隆法　やや欲求不満もあるように見えましたが、過去の存在となって消えつつあるというところですかね。

これで調査が一つ終わりました。

質問者A　はい。本日はまことにありがとうございました。

あとがき

現代の学問、教育は、神秘的な能力を持たない、秀才たちの実学によって形成されてきた。

それは知恵の拡散《かくさん》と共有《きょうゆう》ということで人類の富の総量を増やしたようにも思える。その反面、人々は、神々や、神話、信仰を古くさいものとして葬《ほうむ》り去ってきたのではないか。

また魔術《まじゅつ》の衰退《すいたい》こそ、近代化の原点のように捉《とら》えるむきもあるが、やはり半面しか見ていないと思われる。本書では、人体に再生機能《さいせいきのう》もあることが述べられているが、現実に今、幸福の科学では、片足が壊死《えし》して医者からは切断しかないと宣告されていた信者が、精舎《しょうじゃ》での祈願を通して、足が生き返り、指まで再生したという実例が報告されている。私のもとにその現在進行形の報告が届いたのは、わずか二日前である。

奇蹟《きせき》は、現在ただ今にも起きているのである。間違った「常識」に洗脳《せんのう》されている現代人には、一日も早く幸福の科学の信者になることを勧《すす》める次第《しだい》である。

二〇一八年　二月九日

幸福《こうふく》の科学《かがく》グループ創始者兼総裁《そうししゃけんそうさい》　大川隆法《おおかわりゅうほう》

『公開霊言　ギリシャ・エジプトの古代神 オフェアリス神の教えとは何か』関連書籍

『太陽の法』（大川隆法 著　幸福の科学出版刊）
『愛から祈りへ』（同右）
『愛は風の如く』全四巻（同右）
『公開霊言　古代インカの王 リエント・アール・クラウドの本心』（同右）
『ウォルト・ディズニー「感動を与える魔法」の秘密』（同右）
『ゾロアスターとマイトレーヤーの降臨』（同右）

※左記は書店では取り扱っておりません。最寄りの精舎・支部・拠点までお問い合わせください。
『君よ、涙の谷を渡れ。』（大川隆法 著　宗教法人幸福の科学刊）

公開霊言《こうかいれいげん》　ギリシャ・エジプトの古代神《こだいしん》
オフェアリス神《しん》の教《おし》えとは何《なに》か

2018年２月22日　初版第１刷
2023年６月27日　　　　第４刷

著　者　　大《おお》　川《かわ》　隆《りゅう》　法《ほう》

発行所　　幸福の科学出版株式会社

〒107-0052　東京都港区赤坂２丁目10番８号
TEL(03)5573-7700
https://www.irhpress.co.jp/

印刷・製本　株式会社 研文社

落丁・乱丁本はおとりかえいたします

ISBN978-4-86395-984-2 C0014
カバー Fedor Selivanov/shutterstock.com
p.26 AntiguoEgipto.org ／ p.33 ウッド　エーゲ海④／ p.45 mahout/PIXTA

大川隆法霊言シリーズ・古代文明の秘密を探る

アトランティス文明の真相

大導師トス アガシャー大王
公開霊言

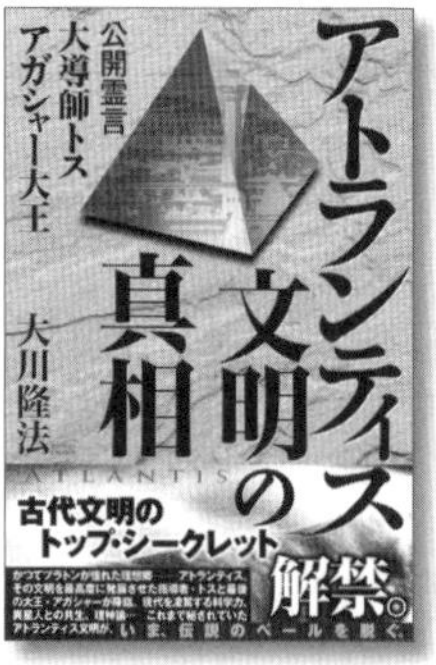

信仰と科学によって、高度な文明を築いたアトランティス大陸は、なぜ地上から消えたのか。その興亡の真相がここに。

1,320 円

トス神降臨・インタビュー
アトランティス文明・
ピラミッドパワーの秘密を探る

アンチエイジング、宇宙との交信、死者の蘇生、惑星間移動など、ピラミッドが持つ神秘の力について、アトランティスの「全智全能の神」が語る。

1,540 円

公開霊言　古代インカの王
リエント・アール・
クラウドの本心

7千年前の古代インカは、アトランティスの末裔が築いた文明だった。当時の王、リエント・アール・クラウドが語る、宇宙の神秘と現代文明の危機。

1,540 円

※表示価格は税込10%です。

大川隆法 ベストセラーズ・奇跡のヒーリング

イエス・キリストの霊言

映画「世界から希望が消えたなら。」で描かれる「新復活の奇跡」

イエスが明かす、大川隆法総裁の身に起きた奇跡。エドガー・ケイシーの霊言、先端医療の医師たちの守護霊霊言、映画原作ストーリー、トルストイの霊示も収録。

1,540円

エル・カンターレ 人生の疑問・悩みに答える 病気・健康問題へのヒント

毎日を明るく積極的、建設的に生きるために──。現代医学では分からない「心と体の関係」を解き明かし、病気の霊的原因と対処法を示した質疑応答集。

1,760円

病の時に読む言葉

病の時、人生の苦しみの時に気づく、小さな幸福、大きな愛──。生かされている今に感謝が溢れ出す、100のヒーリング・メッセージ。

1,540円

幸福の科学出版

大川隆法 ベストセラーズ・奇跡のヒーリング

ザ・ヒーリングパワー

病気はこうして治る

ガン、心臓病、精神疾患、アトピー……。スピリチュアルな視点から「心と病気」のメカニズムを解明。この一冊があなたの病気に奇跡を起こす!

1,650円

奇跡のガン克服法

未知なる治癒力のめざめ

著者「健康セミナー」CD付

なぜ、病気治癒の奇跡が起こるのか。その秘密を惜しみなく大公開! 質問者の病気が治った奇跡のリーディング内容も収録。

1,980円

心の指針 Selection2 病よ治れ

人はなぜ病気になるのか? 心と体のスピリチュアルな関係や、病気が治る法則を易しい言葉で解き明かす。あなたの人生に奇跡と新しい希望を与える12章。

1,100円

※表示価格は税込10%です。

大川隆法 ベストセラーズ・地球神エル・カンターレの真実

メシアの法

「愛」に始まり「愛」に終わる

「この世界の始まりから終わりまで、あなた方と共にいる存在、それがエル・カンターレ」――。現代のメシアが示す、本当の「善悪の価値観」と「真実の愛」。

2,200円

エローヒムの降臨

映画「宇宙の法―エローヒム編―」参考霊言

1億5000万年前に降臨し、善悪・正義・慈悲を説かれた地球神エローヒム――。その実像や、当時の地球の様子、宇宙人との交流など、人類の秘史が明かされる。

1,760円

天《あめの》御《み》祖神《おやがみ》の降臨

古代文献『ホツマツタヱ』に記された創造神

3万年前、日本には文明が存在していた――。日本民族の祖《おや》が明かす、歴史の定説を超越するこの国のルーツ、そして宇宙との関係。秘史を記す一書。

1,760円

幸福の科学グループのご案内

宗教、教育、政治、出版などの活動を通じて、地球的ユートピアの実現を目指しています。

幸福の科学

一九八六年に立宗。信仰の対象は、地球系霊団の最高大霊、主エル・カンターレ。世界百六十八カ国以上の国々に信者を持ち、全人類救済という尊い使命のもと、信者は、「愛」と「悟り」と「ユートピア建設」の教えの実践、伝道に励んでいます。

（二〇二三年六月現在）

愛

幸福の科学の「愛」とは、与える愛です。これは、仏教の慈悲《じひ》や布施《ふせ》の精神と同じことです。信者は、仏法真理をお伝えすることを通して、多くの方に幸福な人生を送っていただくための活動に励んでいます。

悟り

「悟り」とは、自らが仏の子であることを知るということです。教学《きょうがく》や精神統一によって心を磨き、智慧《ちえ》を得て悩みを解決すると共に、天使・菩薩《ぼさつ》の境地を目指し、より多くの人を救える力を身につけていきます。

ユートピア建設

私たち人間は、地上に理想世界を建設するという尊い使命を持って生まれてきています。社会の悪を押しとどめ、善を推し進めるために、信者はさまざまな活動に積極的に参加しています。

海外支援・災害支援

幸福の科学のネットワークを駆使し、世界中で被災地復興や教育の支援をしています。

毎年２万人以上の方の自殺を減らすため、全国各地でキャンペーンを展開しています。

公式サイト **www.withyou-hs.net**

自殺防止相談窓口

受付時間　火～土:10～18時（祝日を含む）

TEL **03-5573-7707** メール **withyou-hs@happy-science.org**

視覚障害や聴覚障害、肢体不自由の方々と点訳・音訳・要約筆記・字幕作成・手話通訳等の各種ボランティアが手を携えて、真理の学習や集い、ボランティア養成等、様々な活動を行っています。

公式サイト **www.helen-hs.net**

入会のご案内

幸福の科学では、大川隆法総裁が説く仏法真理《ぶっぽうしんり》をもとに、「どうすれば幸福になれるのか、また、他の人を幸福にできるのか」を学び、実践しています。

入会

仏法真理を学んでみたい方へ

大川隆法総裁の教えを信じ、学ぼうとする方なら、どなたでも入会できます。入会された方には、『入会版「正心法語《しょうしんほうご》」』が授与されます。

入会ご希望の方はネットからも入会申し込みができます。

happy-science.jp/joinus

三帰《さんき》誓願《せいがん》

信仰をさらに深めたい方へ

仏弟子としてさらに信仰を深めたい方は、仏《ぶっ》・法《ぽう》・僧《そう》の三宝《さんぽう》への帰依を誓う「三帰誓願式」を受けることができます。三帰誓願者には、『仏説・正心法語』『祈願文《きがんもん》①』『祈願文②』『エル・カンターレへの祈り』が授与されます。

幸福の科学 サービスセンター

TEL 03-5793-1727（受付時間／火～金:10～20時　土・日祝:10～18時（月曜を除く））

幸福の科学 公式サイト happy-science.jp

仏法真理塾「サクセスNo.1」

全国に本校・拠点・支部校を展開する、幸福の科学による信仰教育の機関です。小学生・中学生・高校生を対象に、信仰教育・徳育にウエイトを置きつつ、将来、社会人として活躍するための学力養成にも力を注いでいます。

TEL 03-5750-0751（東京本校）

エンゼルプランV

東京本校を中心に、全国に支部教室を展開。信仰をもとに幼児の心を豊かに育む情操教育を行い、子どもの個性を伸ばして天使に育てます。

TEL 03-5750-0757（東京本校）

エンゼル精舎

乳幼児が対象の、託児型の宗教教育施設。エル・カンターレ信仰をもとに、「皆、光の子だと信じられる子」を育みます。

（※参拝施設ではありません）

不登校児支援スクール「ネバー・マインド」

TEL 03-5750-1741

心の面からのアプローチを重視して、不登校の子供たちを支援しています。

ユー・アー・エンゼル！（あなたは天使！）運動

障害児の不安や悩みに取り組み、ご両親を励まし、勇気づける、障害児支援のボランティア運動を展開しています。

一般社団法人 ユー・アー・エンゼル

TEL 03-6426-7797

NPO活動支援

学校からのいじめ追放を目指し、さまざまな社会提言をしています。また、各地でのシンポジウムや学校への啓発ポスター掲示等に取り組む一般財団法人「いじめから子供を守ろうネットワーク」を支援しています。

公式サイト mamoro.org　ブログ blog.mamoro.org

相談窓口 TEL.03-5544-8989

百歳まで生きる会～いくつになっても生涯現役～

幸福の科学

「百歳まで生きる会」は、生涯現役人生を掲げ、友達づくり、生きがいづくりを通じ、一人ひとりの幸福と、世界のユートピア化のために、全国各地で友達の輪を広げ、地域や社会に幸福を広げていく活動を続けているシニア層（55歳以上）の集まりです。

【サービスセンター】TEL 03-5793-1727

シニア・プラン21

「百歳まで生きる会」の研修部門として、心を見つめ、新しき人生の再出発、社会貢献を目指し、セミナー等を開催しています。

【サービスセンター】TEL 03-5793-1727

幸福実現党

内憂外患《ないゆうがいかん》の国難に立ち向かうべく、2009年5月に幸福実現党を立党しました。創立者である大川隆法党総裁の精神的指導のもと、宗教だけでは解決できない問題に取り組み、幸福を具体化するための力になっています。

HS政経塾

大川隆法総裁によって創設された、「未来の日本を背負う、政界・財界で活躍するエリート養成のための社会人教育機関」です。既成の学問を超えた仏法真理を学ぶ「人生の大学院」として、理想国家建設に貢献する人材を輩出するために、2010年に開塾しました。現在、多数の市議会議員が全国各地で活躍しています。

TEL 03-6277-6029
公式サイト hs-seikei.happy-science.jp

大川隆法　講演会のご案内

大川隆法総裁の講演会が全国各地で開催されています。講演のなかでは、毎回、「世界教師」としての立場から、幸福な人生を生きるための心の教えをはじめ、世界各地で起きている宗教対立、紛争、国際政治や経済といった時事問題に対する指針など、日本と世界がさらなる繁栄の未来を実現するための道筋が示されています。

022 年 7 月 7 日 さいたまスーパーアリーナ
甘い人生観の打破」

2019年7月5日 福岡国際センター
「人生に自信を持て」

2019年10月6日 ザ ウェスティン ハーバーキャッスル トロント(カナダ)
「The Reason We Are Here」

2011 年3月6日 カラチャクラ広場(インド)
「The Real Buddha and New Hope」

2019 年3月3日 グランド ハイアット 台北(台湾)
「愛は憎しみを超えて」

講演会には、どなたでもご参加いただけます。
最新の講演会の開催情報はこちらへ。 ⟹ 大川隆法総裁公式サイト
https://ryuho-okawa.org